여자가
독해지지 않고 악해지지 않고
성공하는 법

마리온 크나츠 지음
임정희 옮김

들어가는 글

남자는 알고 여자는 모르는 게임의 규칙

조직과 기업의 지도부가 아직도 대부분 남성으로 이루어진 이유는 무엇일까? 오늘날 여성들은 훌륭한 교육을 받고 학교에서는 남성들보다 평균적으로 더 좋은 성적을 거둔다. 여성들은 감정이입 능력이 뛰어난 데다 경험이 많고 숙련되었으며, 대화로 쉽고 빠르게 많은 정보를 얻어낸다. 그렇다면 몇 년 뒤에는 여성들이 경제 분야의 대표직을 맡으리라고 생각할 것이다. 그러나 이는 빗나간 예측이다. 500명 이상을 고용한 독일 기업에서 여성 최고경영자는 극히 드물다. 변호사 사무실에서도 여성 구성원 변호사를 찾아보기 힘들고 대학에서도 여자 교수는 소수에 지나지 않는데, 여학생 수가 훨씬 많은 학과에서도 이는 마찬가지다. 독일 수상이 여성이라는 사실도 정치 분야에서 여성의 아성을 보장하지는 못한다.

수많은 여성들이 야심 차게 직업세계에 발을 들여놓지만 결국 '정체되고 마는' 이유는 무엇일까? 대개는 잘해 봤자 중간관리자에 머물고 만다. 계속해서 남성 상사, 이사들과 씨름해야 하는 여성 관리자, 열심히 일해 봤자 결국 구성원 변호사가 되지 못하는 여성 변호사, 남성 편집국장을 계속 모셔야 하는 여성 편집자.

부족한 아동보육시설은 우리 사회가 획기적으로 변화시켜야 할 중요한 문제로 간주된다. 그러나 이런 관점은 출생률과 관련이 있는 것처럼 보인다. 구동독 지역에서 지도자 훈련을 해보면 19~22세 사이의 자녀를 두 명 둔 40대 중반 여성이 주로 참석한다. 그러나 구서독 지역 강의 참석자들은 대개 자녀가 없거나, 갓 입학한 어린 자녀가 있거나 또는 산모의 모자보호기간을 재교육에 이용하는 경우가 많다. 그러나 구동독 여성들이 훌륭한 보육 기회를 이용하고 양육과 직업 활동을 쉽게 함께할 수 있는데도 최고경영자 지위에 오르는 경우는 드물다.

여성들이 대기업이나 기관의 최고자리에 오르지 못하는 건 이른바 '유리천장' 때문인데, 이는 물고기 실험에서 나온 개념이다. 물고기들은 먹이를 먹으러 갈 때마다 보이지 않는 유리판에 입이 부딪치는 경험을 했다. 이런 경험이 쌓이다 보면 수족관에서 유리판을 치워도 물고기들은 먹이를 먹을 시도조차 하지 않았다. 많은 사람이 직업세계에서도 똑같은 경힘을 한다. 이들은 계속 보이지 않는 장벽에 부딪히고, 자신의 주장을 관철하지 못하며, 동료와 상사에게 무시당하거나 반격당하거나 진지하게 받아들여지지 않는다. 이런 일은 남자나 여자나 마찬가지로 겪겠지만 이런 현상은 여자들에게 두드러진다.

나는 몇 년 전부터 이 현상에 흥미를 갖기 시작해 주변 사람들이 어떻게 커뮤니케이션하는지 자세히 관찰했다. 나는 직업분야에 상관없이 남성과 여성이 자신의 직업에 대해 말할 때 또는 동료와 상사에 대해 분노할 때 옆에서 경청했다. 또 주변에서 좀 성공한 사람들과 불만이 좀 많은 사람들의 태도도 분석했다. 그 결과 성공을 위해서는 훌륭한 업적 외에도 다른 중요한 요소들이 있으며, 이 요소는 주로 '커뮤니케이션' 분야에 집중되어 있음을 밝혀냈다.

당신은 올바른 커뮤니케이션 방법으로 코피를 흘리지 않고 '유리천장'을 통과할 수 있다. 그렇다고 폭군이나 악처로 돌변할 필요는 없다. 오히려 그 반대다. 당신의 말이 경청될 수 있게 하고 좋은 아이디어를 실행하는 데 도움을 주는 몇 가지 규칙을 게임하듯 적용하기만 하면 좌절감과 고민을 많이 줄일 수 있다. 게임하듯 하다보면 태도를 훈련하면서 만일의 실패에는 더 느긋하게, 기회에는 더 용기 있게 반응할 계기가 마련된다. 당신이 이사직을 갈망하는 게 아니라 그저 신경에 거슬리는 동료를 상대하고 싶은 경우라도 방법이 있다.

이 규칙은 누구라도 익힐 수 있다는 것을 내가 지도하는 지도력 훈련 참가자들이 잘 보여주고 있다. 특별한 여성들의 경우, 고유한 능력에다 남성 지배적 환경에서 성공적으로 커뮤니케이션할 수 있는 능력을 더하면 엄청난 잠재력을 갖게 된다. 이런 방법으로 여성들은 뛰어난 게임자가 될 수 있다. 게임자는 어떤 면에서 체스의 퀸과 비교할 수 있는데, 이에 대해서는 앞으로 언급할 것이다.

　　　이 책에서는 권력이라는 맥락에서 커뮤니케이션을 다룬다. 커뮤니케이션 영역은 우리가 타인에게서 존중을 받을지, 타인에게 우리 아이디어를 확신시켜 실행하게 할지 결정한다. 권력의 커뮤니케이션이나 커뮤니케이션의 권력을 지배한다는 것은 훌륭하고 성공적인 지도자가 된다는 의미가 아니다. 다른 사람과 성공적으로 일하려면 여러 가지 능력이 필요하다. 그러나 권력의 커뮤니케이션을 지배하지 않고는 권력

피라미드의 정상에 이를 수 없다. 회사를 물려받는 경우가 아니라면 말이다.

경영권 승계는 오늘날 여성들이 기존 조직의 정상에 이르는 거의 유일한 방법이다. 이 말을 믿지 않거나 그렇게 될 때까지 기다릴 의향이 없는 사람에게는 자신의 목표를 성공적으로 실현시켜줄 다음과 같은 격려가 도움이 될 것이다.

내가 이 책에서 여성의 커뮤니케이션과 남성의 커뮤니케이션을 구별한다면 내 의식 속에서 모든 남성의 행동이 똑같지 않듯이 모든 여성의 행동 또한 똑같지 않다고 생각한다는 의미다. 이건 고정관념이다. 물론 이런저런 형태로 고정관념에서 벗어난 수많은 여성과 남성이 있다. 그러나 고정관념은 신호의 다양성을 정돈하고 체계화하며, 특히 여성이 계속해서 머리를 부딪치는 '유리천장'을 형성하고 떠받치는 구조를 인식하는 데 도움을 준다.

그렇다고 권력을 갈구하는 게 의미 있는지 평가하자는 건 아니다. 또 여성에게 출세가 꼭 바람직한지 묻자는 것도 아니다. 단지 조직에서 권력의 게임규칙이 어떻게 작용하는지, 왜 (아직까지는) 남성들의 게임인지 살펴보자는 것이다. 이 게임은 때로는 의식적으로, 때로는 무의식적으로 진행된다. 독자들은 이 가운데 어떤 것을 일상에서 실행하고 적용할지 마음대로 판단하고 결정할 수 있다.

그러나 당신이 여성으로서 출세를 원한다면, 타인이 당신 아이디어에 귀 기울이고, 이를 진지하게 토론하고 실행하며, 합당한 보수를 받고, 흥미롭고 책임이 막대한 업무를 맡으며, 자신의 아이디어에 점점 더 큰 활동영역이 주어지길 원한다면 다음의 '게임 규칙'이 도움이 될 것이다. 이 규칙은 직업 분야, 연령, 상황에 상관없이 적용할 수 있다.

나 또한 주변의 대다수 여성과 마찬가지로 경력을 쌓기 시작하면서 이 규칙을 거의 몰랐다. 나는 주로 '시행착오' 원리에 따라 배웠고 최악의 실수에서 날 지켜줄 예리한 촉각에 의지했다. 나는 어느 콘체른(konzern, 생산, 유통, 금융 따위의 다양한 업종의 기업들이 법적으로 독립되어 있으면서 특정 은행이나 기업을 중심으로 긴밀하게 관련되어 있는 기업 결합 형태–옮긴이)의 최연소 관리자가 되었고 미국 대기업의 대표 자리를 제안받았다. 이 제안을 독일이 아닌 미국 회사에서 했다는 점이 중요하다. 최고위직 여성 문제에 관한 한 미국인이 독일인보다 약간 앞서 있기 때문이다.

    그동안 나는 여성들이 일하면서 자신의 재능을 더 잘 발휘하도록 지원하는 회사를 설립했다. 물론 여기서는 여성뿐 아니라 남성도 다룬다. 커뮤니케이션 훈련에서 우리는 직업여성에게 어려움을 주는 모든 문제를 이론적·실제적으로 다룬다. 이 책에는 그동안 우리가 수집한 유용한 지식을 펼친다.

차례

들어가는 글_ 남자는 알고 여자는 모르는 게임의 규칙 4

규칙...남자가 만들고 남녀 모두 지배 받는다 17
위계질서...회의 시작 15분 안에 할 일 22
회의 방법...언제나 서열 1위를 겨냥하라 25
규칙 습득...인형놀이보다는 공놀이를 즐겨라 37
회의 자세...신체적인 수단을 이용하라 40
표정...웃지 말고 남자의 가면을 활용하라 46
권력의 표시...접촉은 지위가 높은 사람의 수단 51
에어타임...제한할 수 없다면 빙고를 하라 55
외적 열세...말할 때는 상대방을 내려다보라 58
반칙...한계를 제시하고 존중을 이끌어내라 62
성취력...일 잘하는 사람을 판단하는 기준 68
서열 게임...여성이 아니라 경쟁자가 되어라 74

협력...여성 동료에게 예쁘다고 말하라 80
권력의 상징...뽐내는 것이 아니라 당연히 이용하는 것 85
복장...편안한 옷차림의 유혹을 이겨내라 92
비전...꿈을 실현할 기회를 높여준다 99
봉급...당신의 가치를 매기는 기준 109
교제...술과 스포츠로 시작한다 115
평가...능력과 성취력으로 존중받아라 130
지시...간단하고 명료하고 친절하게 하라 133
여성적 강점...성공의 기반이 된다 138
내적 목소리...이렇게 말해야 성공한다 145
게임의 여왕...10가지로 형상화한 모습 159

마치는 글_ 사랑하라, 바꾸라, 아니면 그만두라! 163

규칙...남자가 만들고 남녀 모두 지배 받는다

체스를 둘 줄 모르는데 누가 한판 하자고 청했다고 하자. 당신은 체스에 흥미가 없다고 대꾸하거나 체스 규칙을 몰라서 함께 할 수 없다고 할 수도 있다. 그게 아니면 상대방에게 게임 규칙을 설명해달라고 할 수도 있다. 어쨌든 그냥 체스를 두는 일만큼은 틀림없이 하지 않을 것이다. 어떻게 그냥 체스를 둘 수 있겠는가? 체스를 두려면 적어도 기본 규칙을 익혀야 한다. 열 수를 앞서 내다볼 수 없다고 해서 미리 고민할 필요는 없다.

한 조직의 규칙은 언제나 지도부에서 만든다. 지도부가 주로 남성으로 구성되어 있기 때문에 기업, 대학, 정당, 병원, 협회 등에서는 대개 남성 커뮤니케이션의 기본 규칙이 통용된다. 당신이 이런 곳에서 성공을 원한다면 적어도 이 기본 규칙을 알아야 한다. 자세히 들여다보면 이 모든 규칙을 지배하는 커뮤니케이션 규칙이 하나 있는데, 바로 서열이다. 이와 반대로 여성은 개방된 네트워크에서 의사소통한다.

서열 내에서는 지위 지향적으로 의사소통하는 반면, 서로 연결된 네트워크에서는 내용이 중심을 이룬다. 서열은 수직 커뮤니케이션 모델, 네트워크는 수평 커뮤니케이션 모델이라고 생각하면 된다. 남성들이 서로 상하관계를 만들면서 하부로는 가능한 한 분명하게 경계를 지으려고 애쓰는 반면, 여성들은 다양한 위치에서 친분관계를 만들어낸다. 여성들은 서로 분명한 상하관계를 만들 필요성보다는 친분을 쌓고 공통점 찾기를 더 좋아한다. 대부분의 관계에서 여성들이 사회적 접촉을 담당하는 데는 다 이유가 있다. 이렇게 공통점을 찾고, 분명한 경계나 뚜렷한 상하관계를 피하려는 노력은 서열을 선호하는 태도와 극단적인 대조를 이룬다. 이는 간단한 것처럼 보이지만 결과는 엄청나다. 남성과 여성은 서로 이해하지 못할 때가 있다. '여자는 도무지 이해할 수가 없어' 아니면 '남자들은 어린애처럼 행동해' 같은 말은 개인이 이런 현상을 경험하면서 나온 전형적인 표현들이다.

게임의 기본 규칙 … 남성들은 엄격한 서열 안에서 의사소통하며 커뮤니케이션을 이용해 경계를 짓는다.

이런 커뮤니케이션의 차이에 대해 설명하려는 여러 가지 시도가 있다. 학자들은 그 원인을 두고 생물학적 요인인지 사회학적 요인인지 서로 논쟁한다. 나는 두 가지가 모두 어느 정도 구실을 한다고 본다. 그러나 이 책에서는 원인이 아니라 효과를 다룬다. 여기서는 커뮤니케이션이 분리된 직장에서 서로 친분을 쌓고 부드럽게 커뮤니케이션하는 능력을 갖춘 여성이 성공하지 못한다는 사실을 이해하는 게 중요하다. 늦어도 권력 피라미드가 좁아지기 시작하는 중간관리직에 오면 그 차이를 느낄 수 있다. 그전까지는 문제없이 수월하게 진행될 수도 있다. 예를 들어 뛰어난 성적, 명문대학 졸업장, 언제라도 투입되어 열심히 일할 준비가 되어 있는 자세로 직업에서 좋은 출발을 보이는 것은 초기에 빠른 승진을 가능하게 하는 좋은 조건이다.

그러다가 갑자기 끝나버린다. 잘나가던 여성들이 갑자기 벽에 부딪힌 것처럼 보인다. 물론 무슨 일이 벌어지는지 제대로 알지도 못한다. 여성들은 그저 계속해서 눈에 보이지 않는 장벽에 부딪히는 걸 느낀다. 이 여성들이 '유리천장'에 머리를 실컷 부딪치고 나면 2단계가 시작된다. 여성들은 자신의 아이디어로 성공을 거둘 시도조차 하지 않게 된다. 어차피 눈에 보이지 않는 장애물에 부딪혀 실패하고 말 테니까. 여성들은 좌절 속에서 좌천되거나, 부차적 기능만 하게 되거나, 회사를 그만두거나, 승진에 대한 좌절감으로 자녀를 출산한다.

이때 남성들은 여성들이 '너무 가볍게' 대응한다고 생각한다. 그러면서 남성들은 여성들이 직업세계에서 무엇에 직면하는지 전혀 짐작도 하지 못한다. 물론 남성들도 때로는 스스로 관철할 수 없는 문제에 직면하게 된다. 그러나 이런 경우는 드물며 형태도 다르다. 왜냐하면 남성들은 고유한 커뮤니케이션 시스템에서 움직이기 때문이다. 대다수 여성들처럼 커뮤니케이션에서 친분을 만드는 경향이 있는 남성도 있고, 지위 지향적인 커뮤니케이션을 당연히 여기는 여성도 일부 있기는 하다. 하지만 남성과 여성 사이에는 기본적으로 전형적인 차이점이 나타난다.

당신은 지속적으로 훈련하여 커뮤니케이션 태도를 변화시킬 수 있다. '새르운' 태도에 대해 주변 환경은 당신에게 성공으로 보답할 것이다. 또 이를 규칙, 호수(好手), 반칙, 날마다 성취가 달라지는 게임으로 이해한다면 훨씬 쉽게 훈련할 수 있다. 단지 한 번씩 당신 자신을 사람과 게임자로 구분하는 것이 중요하다.

당신은 외국어처럼 규칙을 익혀야 하는 게임에서 스스로 게임자가 되었다는 사실을 이해해야 한다.

위계질서…회의 시작 15분 안에 할 일

남성과 여성의 상반되는 커뮤니케이션 형태는 직업 일상에서 지속적으로 오해를 불러일으킨다. 여성으로서는 특히 서열이 언제나 내용에 우선한다는 사실을 실감하기 어렵다. 이런 원칙이 제대로 드러나는 전형적인 예가 바로 뚜렷한 상사가 없는 회의다.

기업 경영진이 특정 문제를 전사적 차원에서 해결하기로 결정했다. 그래서 A 부서가 B 부서와 C 부서를 공동회의에 소집했다. 각 부서의 팀장이 모였지만 뚜렷하게 가장 높은 상사가 없다. 이제 커다란 테이블에 거의 남자들이 앉아 있는 모습을 상상해보라. 당신은 몇 안 되는 여성 가운데 한 명으로, 이 주제에 관해 준비했고 심지어 흥미로운 해결방안까지 마련했다.

이제 회의가 시작된다. 이런 회의에서 시작 15분 안에 내용과 관련된 발표를 시도해본 적이 있는가? 있다면 당신은 싱긋 웃거나 요란하게 웃어댈 게 틀림없다. 시작 15분 안에 내용과 관련된 발표를 한다고? 테이블에 앉은 사람 중 어느 누구도 여기엔 관심이 없다. 먼저 서열을 따져야 한다. 이와 함께 박수가 오가고 포즈를 취하고 중요하지 않은 내용들이 그럴 듯하게 소개된다. 이 부분에서 수많은 여성은 영화관을 잘못 찾아왔거나 동물원에 앉아 있는 기분이 든다. 회의 시작 15분 안에 내용에 접근하려고 할 경우 대개 아무도 듣는 사람이 없어서 당황하거나 좌절을 겪게 된다. 여기서 문제가 되는 건 내용이 아니라 타이밍이다. 일단 서열을 따지고 나면 1위, 2위 등이 명쾌하게 정리된다.

당신이 아직 상석에 낄 자신이 없으면 회의 시작 초반은 그냥 잊어라. 오히려 이 시간을 효과적으로 활용하면서 하루 스케줄을 계획하거나, 쇼핑 리스트를 만들거나, 의미 있는 다른 일을 하라. 물론 항상 15분 늦게 회의에 참석해도 되겠지만 이런 태도는 어디서나 인정받을 수 있는 것은 아니다.

내용보다 서열이다! … 한 곳에 모인 사람들은 우선 위계문제부터 해결해야 한다. 그전에는 일할 자세가 되어 있지 않다.

회의 방법... 언제나 서열 1위를 겨냥하라

주의 깊게 잘 살펴보아야 할 것은 우승자가 누구냐이다. 서열의 장점은 일단 서열이 정해지고 나면 과정이 비교적 빠르게 진행된다는 것이다. 이제부터는 서열 1위가 오피니언 리더로서 인정받기 때문이다.

이제 당신의 내용이 흥미를 끌기 위해서는 1위에게 말해야 한다. 가장 높은 사람을 설득하거나 확신을 갖고 공격해야 한다. 그럼 당신은 다른 참석자들의 경청, 존경, 인정을 받을 것이다. 참석자 가운데 지위가 가장 낮은 사람을 누가 신경이나 쓰겠는가? 회의 초반에 서열 매기기에 끼지 않고 한 자리 차지하려고 애쓰지 않는다면 당신은 가장 낮은 지위를 얻게 된다. 당신 자리는 당신 뜻과 관계없이 다른 사람들이 매긴다.

많은 여성이 자신의 주장을 펴기 위해 동맹자를 구하는 경향이 있다. 여성은 참석자들에게 말하면서 자신의 주장에 다른 사람을 끌어들이려고 애쓴다. 이는 여성 네트워크 커뮤니케이션과 잘 맞아떨어진다. 당신 의견에 동조하는 사람이 서열 9위, 10위, 11위라면 아무 소용없다. 그들의 의견을 당신 주장에 포함시킬 수는 있지만 이 경우 당신에게 득이 되기보다는 해가 될 수 있다. 내용보다 서열이 우선하기 때문이다. 서열 2위를 당신 편으로 만들 수 있다면 물론 썩 만족스러울 것이다. 그러나 기본적으로 중요한 건 이렇다. 당신 의견이 경청되기를 원한다면 언제나 우두머리를 겨냥하라. 결국 게임의 여왕은 졸이 아니라 킹과 의사소통을 하게 마련이다!

회의가 끝난 뒤 여성들마다 하는 전형적인 이야기는 이렇다.

"난 그 말을 두 번이나 했어. 누구 한 사람이라도 내 말에 귀를 기울였니? 그런데 2분 뒤에 동료 슈뢰더가 똑같은 말을 하자 모두 '좋은 생각이야, 슈뢰더!' 라고 했어."

당신에게도 익숙한 상황인가? 이 여성은 회의 초반에

서열 다툼에 참여하지 않은 게 분명하다. 참여했더라도 서열이 낮게 매겨졌을 것이다. 이 여성은 참석자를 죽 둘러보거나 아니면 지위가 낮은 사람들을 향해서 내용을 발표하려고 노력했다. 그 결과 아무도 이 여성의 발표를 진지하게 받아들이지 않았다. 이 여성은 쫄로서 쫄에게 말을 걸었지만 지위 높은 인물의 인정을 기다렸다.

이 여성의 말을 얼핏 들은 슈뢰더가 괜찮은 아이디어라고 생각해서 나중에 직접 말했을지도 모른다. 심지어 이를 자신의 아이디어인 양 가로챘을 수도 있다. 슈뢰더는 괜찮은 남의 아이디어를 자기 것으로 가로챌 만큼 양심 없는 사람인지도 모른다. 어쨌든 슈뢰더는 이 아이디어를 진지하게 받아들여 자신의 것으로 만든 덕분에 참석자 가운데 두드러지게 높은 지위를 얻는 데 성공했다.

언제나 서열 1위에게! … 뭔가 할 말이 있으면 참석자를 향해 하지 말고 언제나 가장 높은 사람을 겨냥하라. 서열 1위가 당신 말에 귀 기울이면 다른 사람들도 모두 귀 기울이게

되어 있다!

이런 말이 있다.

"슈미트 부하직원과 이야기하지 말고 슈미트와 직접 이야기하라!"

이 말은 문제 상황에서는 기꺼이 이런 문장으로 응용될 수도 있다.

"당신 상사와 이야기 좀 할 수 있을까요?"

세미나 참석자 가운데 이런 아이디어 도둑 현상을 말한 사람이 있다.

"나는 이 문제를 회의에서 동료와 늘 이런 식으로 해결해요. 누가 내 아이디어를 반복하거나 자신의 것인 양 말하면 동료가 큰 소리로 이렇게 말하죠. '베커 씨가 이미 3분 전에 말한 내용 아닌가요?' 동료가 이런 일을 당하면 그때는 내가 말해주죠."

이 방법이 두 여성의 기분을 나아지게 할지는 모르지만 달라지는 것은 아무것도 없다. 서열 14위, 15위가 혼자 투덜거리는 말에는 아무도 관심을 기울이지 않는다.

누군가 당신 아이디어를 이런 식으로 훔쳐 가면 중간에 끼어들어 이렇게 말하면 된다.

"내 의견에 다시 한 번 관심을 보여줘서 고마워요, 슈뢰더 씨."

그런 다음 재빨리 가장 높은 사람에게 다시 자세한 설명을 계속하라! 당신이 발표하는 동안 눈치 빠른 동료가 옆에서 거드는 경우에도 똑같은 방법으로 대응하라. 가능한 한 빨리 그 사람의 말을 가로채거나 경우에 따라서는 말을 중단시킨 뒤 얼른 다시 에너지를 서열 1위에게 쏟아라. 가장 높은 사람을 당신 발표에 묶어둘 수 있다면 동료가 당신 말에 끼어들 여지는 거의 없다.

다른 사람의 말을 중단시키는 게 힘들게 느껴지면 차를 타고 국도를 달리는 상상을 해보라. 당신은 무척 바쁘다. 그런데 앞에 트럭이 간다. 빨리 추월하고 싶으면 기어를 3단에 놓고 기회를 노리다가 틈이 보이면 속력을 낸다. 남의 말을 중단시킬 때도 마찬가지다. 상대방이 잠깐 숨을 돌리거나 생각에

잠기는 등 사소한 기회에 집중하라. 이때 친절하지만 단호하게 얼른 틈새를 파고들어 말하라. 하지만 주의할 게 있다. 높은 사람의 말은 중단시키지 않는 게 좋다. 만약 사장이 당신 발표를 사소한 독백으로 중단시킬 경우 눈을 맞추거나 동의하듯 고개를 끄덕이고 친분을 쌓으면서 확실하게 눈에 드는 것이 좋다.

발표로 주목을 끌어라

회의가 끝난 뒤 여성들이 하는 전형적인 탄식이 있다.
"그 사람은 벌써 세 번씩 들은 말을 마지막에 꼭 다시 한 번 반복한단 말이야. 그런 거 못 느꼈어?"
여성은 대개 이를 엄청난 시간 낭비라고 생각한다. 하지만 조심하라. 이는 내용 지향적인 네트워크 커뮤니케이션의 견지에서 본 여성적 평가다. 서열 싸움과 관련해 볼 때 이런 행동은 의미가 있다. 회의가 끝날 무렵 다시 한 번 '중요한' 한 마디를 하는 건 대부분 서열이 낮은 사람들이다. 이들은 더 좋은 말이 떠오르지 않을 경우, 방금 전에 발표한 사람의 말을 반복한다. 이렇게 해서 어쨌든 한 마디 거든 셈이다. 그러나 이 한 마디 말의 내용은 알맹이가 거의 없다. 그런 점에서 그저 시간만 잡아먹었다고 불평하는 여성들의 주장은 옳다. 하지만 여기서 중요한 것은 내용이 아니다. 중요한 것은 다시 한 번 주목받고, 자신의 존재를 인식시키고, 서열 13

위에서 12위로 올라갈 수 있는 가능성이다. 이로써 다음번에는 더 나은 출발점에서 시작할 수도 있다.

그렇다고 해서 단지 말하기 위해 말하는 건 결코 권하지 않는다. 너무 바보같이 보일 수도 있다. 어느 정도 똑똑하게 발표할 수 있다면 그렇게 하라! 그래야만 존재를 인식시킬 수 있다. 물론 말하지 않기로 결정할 수도 있다. 그럼 서열 싸움에서 기회를 놓치고 경우에 따라서는 다른 동료 때문에 밀려날 수도 있다. 이미 말한 대로, 과시가 중요한 게 아니라 영향력 있는 커뮤니케이션 측면에서 무엇이 성공적인지가 중요하다. 일반적으로 맺음말은 주로 서열 1위가 이미 나온 말들을 요약하는 형태로 하게 된다.

지위 지향적인 커뮤니케이션을 하라!

당신 스스로 서열의 힘에서 벗어날 수는 없다. 당신에게 서열을 매기는 건 다른 사람들이기 때문이다. 당신에게 달린 것은 어떤 지위에 매겨질까 하는 것뿐이다. 그러니까 당신은 체스 판에서 졸이 될지, 퀸이 될지 스스로 결정해야 한다. 이미 언급한 바와 같이 외국어를 배운다고 생각하면 서열 싸움의 기술을 익히는 것도 재미있을 것이다.

회합이나 전문가 회의에서 여성들은 '어떻게 진행되고 있나?' 같은 질문에서 동료의 지위 지향적인 커뮤니케이션을 경험한다. 남성들은 모든 게 얼마나 잘 진행되고 있는지 회사, 특히 자신이 맡은 업무가 얼마나 무리 없이 잘 진행되고 있는지 상세하게 보고한다. 그럼 때로 여성들은 문제가 있는 건 자신뿐이라고 생각하면서 다른 여성이 아주 구체적인 어려움을 토로하면 그제야 매우 안도한다.

지위 지향적인 커뮤니케이션에서는 이런 표현을 허락하지 않는다. 우선 서열이 매겨지고 나면 (남성은) 이에 맞게 잘 처신한다. 이는 회합, 전문가 회의 심지어 세미나나 사적 모임에서도 마찬가지다. 사적 모임에서는 전문 장광설이 인기 종목인데 남성들은 이를 통해 서로 잘났다고 우긴다. 이때 세부 지식이 많은 사람이 점수를 더 많이 얻는다.

내가 수습생이었을 때 산더미 같은 종이뭉치를 들고 복사기 앞에 서 있는데, 다른 부서의 젊은 남자가 심각하게 서류를 뒤적거리며

다가오더니 당장 복사기를 비워달라고 했다. 나는 이렇게 반박했다.

"좀 기다리세요. 복사할 게 50장쯤 더 있거든요."

그 남자는 내 앞에 우뚝 서더니 턱을 죽 빼고 당당하게 말했다.

"그건 이따 하시지. 내 건 이사회 복사물이라고!"

나는 하마터면 웃음을 터뜨릴 뻔했다. 이사회 복사물을 맡은 사람은 복사도 두 배나 즐거운 모양이다! 그러니까 복사할 때도 서열이 있다. 나는 결연한 그 남자에게 50미터 더 가면 이사회 복사물에 훌륭하게 들어맞는 다른 복사기가 있다고 알려주었다.

상사를 비판하느니 혀를 깨물어라

뚜렷한 위계는 남자들에게 중요하다. 남자들이 자신의 상사 엉덩이에 입을 맞추는 풍자화는 그들이 이 구조에 얼마나 종속되었는지 잘 보여준다. 이 풍자화 제목은 〈출세 사다리〉다. 여성들이 이런 모습을 한 그림을 상상할 수 있는가? 풍자화가도 이런 그림은 상상할 수 없으리라. 이 풍자화는 여성들에게는 낯선 서열의 확장된 측면, 즉 때로는 의견이 다를 때조차 상사에게는 패기 없이 순종하는 내용을 담고 있기 때문이다. 내용보다 서열이 우선한다. 여기에는 서열의 순서를 지키고 상사를 무시하지 않는 것도 포함된다.

여성들은 결정 내용과 지시가 조직의 안녕에 불리하다고 판단될 경우, 더 방대한 전문지식에 근거해서 이에 저항하거나 더 앞서 나가는 경향이 있다. 남성들의 견해에 따르면 이는 서열과 커뮤니케이션의 가장 중요한 기반을 흔들기 때문에 수치스런 행동이다.

따라서 이런 행동은 대개 심한 제재를 받는다. 내 옛 동료 한 명이 상사를 무시했다가 일자리를 잃을 뻔했다. 몇 년 지나고 나서야 그 동료는 적절하지 못한 순간에 상사에게 비판의 말을 하느니 차라리 혀를 깨무는 게 낫다는 걸 깨달았을 것이다.

여성들은 가끔 서열의 중요성을 전혀 깨닫지 못한다. 여성들은 상사의 결정을 문제 삼는다. 이는 상사에게는 성가신 일이겠지만 기업의 이익을 위해서는 이로울 게 틀림없다.

자신의 상사를 무시하는 사람은 게임의 기본규칙인 '내용보다 서열이 우선'을 간과한다. 그래서 이런 태도는 심한 처벌의 대상이 된다.

규칙 습득... 인형놀이보다는 공놀이를 즐겨라

남성과 여성이 서로 다른 태도를 보이는 원인이 무엇보다 교육에 있다고 생각하는 사람은 특히 남자아이와 여자아이가 놀이방법을 습득하는 방식을 규명하면서 공놀이 규칙과 인형놀이 규칙을 서로 비교한다. 원인이 교육에 있든 유전자에 있든 상관없이 게임은 일찌감치 심각한 학습 또는 태도의 차이점을 잘 보여준다.

인형놀이에서는 모든 것이 동의 아래 이루어진다. 세부적인 장식과 늘 새롭게 꾸며내는 환상 세계는 지속적인 토론으로 만들어진다. 인형놀이에서는 우승자가 없다. 여자아이들은 무엇보다 다른 사람과 평등하게 지내고 합의하여 결정하는 법을 배운다. 여기서는 뭔가를 지시하는 뚜렷한 상사가 없다.

일부 여자아이들이 또래에 비해 우성을 더 드러내더라도 말이다. 수잔네가 자기 인형에 어떤 옷을 입힐지 늘 내가 결정한다면 결국 나와 놀지 않을 것이다.

이와 반대로 공놀이에는 분명한 규칙이 있으며 시합에서는 우승만이 중요하다. 또 작전을 지시하는 트레이너도 있다. 따라서 일반적인 경우, 아무도 문제 삼지 않는 분명한 지시사항이 있다. 트레이너가 이렇게 말한다고 치자.

"직선으로 30미터 달리다가 골을 넣어."

그럼 남자아이들은 30미터 직선으로 달리다가 골을 넣는다. 아무도 이렇게 말할 생각을 하지 않는다.

"오늘은 그냥 15미터 직선으로 달리다가 왼쪽으로 지그재그로 골을 넣어보죠."

몇 가지 예외가 있다. 지시가 있는데도 15미터를 달리다가 왼쪽으로 꺾어 슛을 한다. 성공하면 언제나 옳다! 그러나 이는 아주 위험할 수도 있는데, 만약 골을 넣지 못하면 야단만 맞게 될 것이다.

이렇게 남자아이들은 토론 없이 지시에 따르는 법을 배

우며, 우승과 패배가 어떤지 또는 심판이 호루라기를 불지 않는 한 시합에서는 거의 모든 것이 허용된다는 것을 배운다. 지위가 높은 사람은 낮은 사람에게 명령해도 좋다는 것도 배운다. 그러나 무엇보다 시합이 재미있다는 걸 배운다! 우승자로 환호받는 것이야말로 기분을 최고로 만들어준다.

> 많은 어린이, 특히 남자아이들은 일찌감치 시합이 재미있으며 우승이 기분 좋은 경험이라는 것을 배운다.
> 이런 경험이 나중에 직장에서의 태도에도 영향을 준다.

회의 자세... 신체적인 수단을 이용하라

서열 게임은 말뿐만 아니라 신체적 수단으로도 진행된다. 이는 인사와 함께 이미 시작된다. 다음은 그 예다.

'악투엘렌 스포츠스튜디오'에서 요하네스 케르너가 이 회사의 거장인 디터 퀴르텐의 방문을 받는다. 디터 퀴르텐은 얼마 전에 75세가 되었다. 우렁찬 박수갈채를 받으며 퀴르텐이 스튜디오로 들어선다. 퀴르텐은 몇 년 동안 수장으로 있던 자기 집무실로 들어선다. 이 방에서는 퀴르텐이 서열 1위다. 퀴르텐은 케르너와 악수하려고 오른손을 내밀면서 왼손은 높이 들어 케르너의 위팔에 올려놓는다. 남자들끼리 나누는 이런 인사방법을 여러분도 잘 알 것이다. 이때 케르너가 어떻게 반응할까? 케르너도 똑같은 제스처로 응수한다. 케르너 역시 왼손을 들어 퀴르텐의 위팔에다 올려놓는다. 이 행동은 이런 의미를 나타낸다.

"이봐요. 이제 이 방은 내 집무실이오. 그리고 이젠 내가 수장이오."

나는 곧 싸움이 벌어지리라는 기대 속에 흥미진진하게 텔레비전을 지켜보았다. 그러나 퀴르텐은 이 제스처를 받아들이며 순응했다. 나는 곧 실망했다.

물론 다른 예도 수없이 많다. 누가 누구에게 인사하느냐, 얼마나 큰 소리로 인사하느냐, 방 안으로 얼마나 힘차게 들어서느냐, 얼마나 요란하게 자리에 앉느냐, 누가 어느 자리에 앉느냐 등. 지금까지 그렇게 하지 않았다면 앞으로는 이 세부 사항에 특별히 주의하라. 배우는 게 아주 많으며 행동 가능성을 넓히는 데 도움을 줄 것이다.

정치가들의 인사 의식을 예로 들어보자. 신체는 작지만 강력한 권력자인 블라디미르 푸틴이 상대방의 팔에 손을 올리지 않는 장면을 나는 지금까지 본 적이 없다. 자크 시라크 대통령은 앙겔라 메르켈 독일 수상과 처음 인사하는 자리에서 바로 껴안았다! 상대가 남자였다면 결코 하지 않았을 방식으로 메르켈 여사를 자기 쪽으로 끌어당긴 것이다.

소리의 크기, 상대방의 차단, 얼마나 많은 공간을 확보하는가, 누가 누구를 만져도 되는가, 누가 늦게 와도 야단을 안 맞는가? 이 모든 것이 서열 게임의 권력 투쟁에 속한다. 이것들은 모두 상대방에 대한 지배의 표시이며 모두 그렇다고 인정한다. 적어도 잠재의식 속에서는 말이다.

늦어도 프로이트 이후로는 커뮤니케이션이 작은 조각으로 의식 표면에 작용한다는 사실이 잘 알려졌다. 우리가 무의식적으로 목소리, 태도, 몸짓, 제스처 등의 신호를 보내는 것처럼 이런 신호를 대부분 무의식적으로 받아들이고 해석한다.

심리학자 알버트 메라비안은 이미 1972년에 논문 〈조용한 목소리〉에서 커뮤니케이션 상대방의 호응도를 결정하는 것은 내용이 7퍼센트, 목소리가 38퍼센트, 신체언어가 55퍼센트라고 밝혔다. 이 연구에 논쟁의 여지가 있긴 하지만 연사의 객관적인 내용이 결정적인 역할을 하지 못한다는 데는 논쟁의 여지가 없다.

당신이 독일어를 모르는 사람에게 웃으면서 다정하고 친절한 목소리로 이렇게 말한다고 상상해보자.

"넌 정말 바보 멍텅구리야."

상대방은 아마 다정한 미소로 화답할 것이다. 반대로 따분하게 신문을 넘기면서 누군가에게 몹시 사랑한다고 말하면 큰 불쾌함을 유발하고 말 것이다. '어떻게' 말하는가가 중요하다. 예를 들어 당신이 불확실한 기분이 들면 상대방도 이를 정확히 느끼고, 이 불확실함이 당신이 말하는 내용에도 전이된다. 따라서 확실하게 처신하고 확실하게 연설하는 훈련이 필요하다.

어떻게 말하느냐가 무엇을 말하느냐보다 더 중요하다.

여자인 당신이 다리를 쩍 벌린 채 의자에 늘어지게 앉아 있는 모습을 상상할 수 있는가? 없을 것이다. 하지만 내가 말한 이런 장면을 당신은 틀림없이 본 적이 있고, 바로 이런 자세로 앉는 동료를 적어도 한 명쯤은 알 것이다. 이와 반대로 여성들은 몸을 꼿꼿이 세운 채 두 손은 얌전하게 포개 테이블 위에 올려놓고, 다리는 정숙하게 나란히 두거나 서로 포개는 경향이 있다. 여성들은 토론에 활발하게 참여할 때에도 테이블 공간을 작게 차지한다.

    만약 여성이 다리를 심하게 벌리고 앉는다면 사실 남자보다 더 불쾌하게 여겨진다. 그러나 그 사이에 단계가 있다. 예를 들어 의자에 등을 기대고 편안하게 앉지만 팔을 몸에 딱 붙이거나 두 손을 포개 무릎 위에 올려놓지 않으려고 해보라. 그 대신 의자 팔걸이에 팔을 편안하게 올려놓거나 다리를 편안하게 둔다. 그럼 제스처와 함께 힘주어 말하기가 편하며, 이런 식으로 당신 말은 더 많은 효과를 쉽게 얻어낼 수 있다.

    흥미로운 사실은 역할극을 하다보면 여성들이 슈뢰더나 기타 동료들을 흉내 내면서 테이블을 더 넓게 쓰는 데 전혀 어려움을 보이지 않는다. 그러나 역할극을 녹화하던 카메라가 꺼지면 여성들은 다시 '정숙하게' 앉아서 자신이 어땠는지 묻는다.

권력 투쟁에서 신체는 가장 중요한 도구다.

제스처로 공간을 확보하고 가능하면 당당하게 처신하라!

표정...웃지 말고 남자의 가면을 활용하라

미소는 놀라운 것으로 인생을 더 아름답게 만든다. 특히 대부분의 상황에서 사람들이 미소에는 미소로 대응하기 때문에 더욱 그렇다. 그러나 권력 투쟁에서는 그렇지 않다! 여기서는 미소가 머리를 살짝 기울인 호의적인 태도로 응수되는 게 아니라 약점의 표시로 간주된다. 야생에서는 물리지 않게 막아주는 복종의 제스처다. 그러나 직장생활에서는 그렇지 않다! 반사적 미소는 몹시 거추장스러워서 단호하게 피하려고 노력해야 한다.

남성들은 토론할 때 얼굴에 가면을 쓴다. 이들은 굳은 얼굴로 앉아서 최소한의 몸짓을 보이며 위압적으로 내리누른다. 서열싸움에 관한 한 당신도 가면 쓴 얼굴, 즉 포커페이스로 처신해야 한다. 그러다가 당신이 1점 올리거나 서열 싸움에서 높은 지위를 인정받으면 그때는 다시 웃어도 된다.

나는 참고 삼아 독일 ARD 방송국의 〈프레스클럽〉을 보라고 권한다. 이 프로그램에는 여성 저널리스트들도 자주 나와 토론을 벌인다. 이들은 훌륭한 교육을 받은데다 주장이 확실하다. 보통은 아주 예의바르게 토론을 벌이지만 여기서도 가끔은 껄끄러운 일이 벌어진다. 귀부인들은 남자 동료에게 공격을 당하면 종종 반사적 미소로 반응하며 수그러든다. 그러나 여기서도 놓치지 말아야 할 것이 하나 있다. 귀부인의 당당한 태도에서 배워라! 귀부인한테서 비굴한 하녀의 미소를 상상할 수 있는가? 귀부인이 미소 짓는다면 높은 데서 아래를 내려다보며 우아하게 짓는 미소일 것이다.

정치적 토크쇼의 대부분이 내용면에서 괜히 부실한 게 아니다. 수많은 남성 전문가들은 가능한 한 큰소리로 외람되고 무례하게 또는 공격적으로 의견을 말한다. 이런 우성인자는 전달되어야 한다. 그리고 이는 효과가 있다! 여성들도 마찬가지다. 여성들은 이런 태도가 반발심을 일으킨다고 생각하지만 다른 한편에서는 이를 능력과 연관시킨다. '더 공격적으로, 더 건방지게 논쟁하는 사람이 이긴다'는 옛 속담은 사람들이 청취, 피드백, 팀워크 등의 훈련을 받는 요즘 시대에도 통한다. 그렇다고 당신에게 앞으로 이렇게 행동하라고 충고하고 싶지는 않다. 그러나 이런 태도에 직면하게 되면 준비되어 있어야 하고 방어할 수 있어야 한다.

다시 〈프레스클럽〉으로 돌아가 보자. 이 프로그램 뒤를 이어 〈프레스클럽에 묻기〉라는 방송이 나가는데, 여기서는 시청자들이 전화를 걸어 참가자에게 질문할 수 있다. 여기서 대다수의 질문이 가장 건방졌던 연사에게 돌아가는 걸 볼 수 있다.

반사적 미소를 짓는 경향이 있다면 이 버릇을 없애려고 노력하라. 열세의 표시로 보일 수 있다.

남성들이 즐겨 가면을 쓴다는 건 직장 내 프레젠테이션에서도 나타난다. 당신은 수많은 남성 앞에서 새 콘셉트를 발표해야 한다. 당신은 계속해서 말하지만 관중의 얼굴에서 아무것도 읽어낼 수 없다.

"감정적으로 굶어죽는 것 같더라."

한번은 여자 동료가 이렇게 표현한 적이 있다. 그러나 이런 가면에 현혹되지 않는 게 중요하다. 당신은 아무 반응도 얻지 못하고 발표를 끝내지만 그 후 누군가 다가와서 '발표 아주 좋았어요!' 라고 하는 일도 있을 수 있기 때문이다.

남자들 옆에 여자가 한두 명 앉아 있는 관중 앞에서 발표할 경우 모든 규칙 중에서 가장 중요한 규칙, 즉 '언제나 서열 1위를 향해 말하라!' 를 반드시 유념해야 한다. 서열 1위가 가면을 쓴 남성이라면 여성 관중의 관심을 얻으려는 유혹에 빠지지 말아야 한다. 왜냐하면 여성들은 인정한다는 듯 고개를 끄덕이거나 웃어주는 경향이 있기 때문에 이런 유혹에 쉽게 빠질 수 있다. 그러나 서열 1위와 접촉하는 것이 가장 중요하다.

가면에는 늘 다른 사람을 깔보게 하는 측면이 있다. 가면은 서열 게임의 도구다. 만약 당신이 키가 작아서 다른 사람을 아래로 깔보는 것이 힘들다면 저 아래에서 다른 사람을 깔보는 포르쉐 운전자를 떠올려보라.

시합에서는 가면을 써라!
당신의 가면은 보호막이자 무기다.
그 뒤에서는 웃어도 좋다.

권력의 표시… 접촉은 지위가 높은 사람의 수단

접촉 또한 권력의 표시다. 다른 사람을 만지는 건 그의 개인 영역과 권력 범위를 침범하는 행위다. 이런 접촉은 언제나 지위가 높은 사람에게만 해당된다. 아니면 당신은 그냥 퀸을 만질 수 있는가? 아마 그 반대의 경우는 가능할 것이다. 남성은 본능적으로 공간을 자신에게 권한이 있는 것으로 인식해서 편한 자세를 취하며 당연한 듯 여성을 만지려는 경향이 있다. 그러나 체스에서 퀸은 게임의 여왕이며 감히 만질 수 없는 존재다. 퀸이 하인을 만지는 경우는 있어도 말이다.

이를 명심하면서 누군가 당신을 슬쩍 만진다면 적어도 요한네스 케르너처럼 반응하라. 똑같이 되받아쳐라! 젊고 활기찬 남자를 상대로 뜻을 관철하는 데 문제가 있다면 그에게 신체적 접촉을 하라! 일부 독자들이 놀라서 눈을 동그랗게 뜬 모습이 눈에 선하다. 하지만 이 방법보다 더 성공적인 건 없다고 장담한다. 예를 들어 앞서 말한 젊은이가 창고에서 상자를 꺼내 와야 하는데 고집을 부리고 완고하게 나온다면 뒤에서 그의 어깨를 만지거나 옆에서 팔을 만지면서 내일까지 창고에서 상자를 꺼내오면 좋겠다고 다시 한 번 말하라. 당신은 그 결과에 놀라고 말 것이다. 그 젊은이 스스로도 어떻게 해서 그렇게 되었는지 모를 정도다.

이런 맥락에서 에티켓을 한번 살펴보자. 혹시나 해서 하는 말인데, 나는 누군가 외투 벗는 걸 도와주고, 무거운 가방을 들어주고, 지나갈 수 있게 문을 잡아주는 걸 아주 높이 평가한다. 이것이 관심의 제스처이기 때문에 이런 제스처를 즐긴다. 특히 이 경우에 여성들은 공손하게 하는 제스처 뒤에 많은 것이 숨겨져 있음을 알고 있다.

예를 들어 손등에 키스할 때 남성의 입술은 여성의 개인 영역에 아주 깊이 침범한다. 신사가 외투를 벗는 숙녀를 돕는 것도 담뱃불을 제공하는 것과 마찬가지로 여성의 개인 영역을 침범하는 행위다. 서구세계에서 개인 영역은 보통 주먹 길이로 표현되는 간격을 말한다. 이 간격이 안정감을 주기 때문에 우리는 본능적으로 편안함을 느낀다. 에티켓은 남성들이 여성의 영역에 침범할 수 있게 허락하는 규칙만을 말한다.

예전의 예법은 여성의 사회적 영역까지 다루었다. 예를 들어 1950년대에 많은 젊은 여성은 남자 형제나 형부와 같이 가야만 공식적인 모임에 갈 수 있었다. 사회적 영역에서의 행동은 남성의 호의가 있어야만 가능했다. 서구세계에서 이런 규칙은 다행히 사라졌지만 그다지 오래전 일이 아니었음을 늘 상기해야 한다.

그러니까 누군가 당신의 무거운 짐을 들어준다면 이를 계속 즐겨라. 하지만 조용히 다른 역할도 한번 해보라! 당신이 외투 벗는 남성을 드와주거나 담뱃불을 제공하거나 산책할 때 '남자'가 '당신'의 팔을 끼도록 할 때 어떤 기분이 드는지 시험해보라. 이는 새로운 기분을 느끼게 해준다. 충분히 의식만 한다면 시대에 뒤진 손등 키스도 진심으로 즐길 수 있다.

접촉은 우성의 표시다.

지위가 낮은 사람은 높은 사람을 만져서는 안 된다.

따라서 부적절한 접촉에는 그대로 되받아쳐라!

에어타임…제한할 수 없다면 빙고를 하라

시간적 관점에서도 영역을 차지할 수 있다. 몇 년 전에 한 게임이 인기를 끌어 회의 때 열광적으로 한 적이 있다. 바로 '엉터리 빙고' 게임이다. 규칙은 이렇다. 각자 요즘 많이 거론되는 경영개념을 한 줄로 적는다. 회의 연사가 이 개념을 언급하면 십자표시를 한다. 십자표시 다섯 개를 가장 먼저 획득한 사람이 이긴다.

한동안 내가 가장 좋아한 개념은 '사실상의 규범권력'이다. 난 늘 동료와 이 문장이 회의에서 얼마나 자주 언급되는지를 두고 내기를 했다. 가장 근접하게 맞춘 사람이 이긴다.

이 개념을 언급하는 사람이 실제로 이를 통해 뭔가 말하려 한다면 이는 '엉터리 빙고'가 아니다. 그러나 그런 경우가 아니라 단지 오래 발언함으로써 확장된 의미에서 영역을 차지한다는 게 문제다. 기업 고문들은 이를 두고 '에어타임'이라는 멋진 개념으로 부른다. 보통은 특히 외적으로 덜 공격적인 남성들이 자신의 지위와 만일의 요구에 대한 근거를 마련하기 위해 에어타임을 더 많이 요구한다. 이는 여성들에게는 진정한 인내의 시험대가 될 수도 있다. 서열 순위라는 개념에서 당신이 이런 사람의 상사라면 에어타임을 단호하게 제한하기 위해 당신 지위를 이용해야 한다. 만약 어쩔 수 없이 에어타임을 두고 봐야 한다면 졸지 않기 위해서 호흡연습이나 빙고만으로도 도움이 된다.

- 회의에서 에어타임을 가져라.
- 에어타임은 우성인자의 한 수단이 될 수도 있다.

'엉터리 빙고' 게임의 예를 들어보았다.

시너지효과	학습곡선	목표 지향적	기업 정체성	지속 가능하다
표준 작업량	확대하다	공을 넘기다	핵심 발언	벤치마킹
윈윈 상황	잠재력	글로벌	시나리오	정보를 주다
성과 지향적	이미지 형성	원만하다	가시적 성과	초점을 맞추다
현명하게 굴다	고객 지향적	주도하다	능력을 갖추다	도전 의식

외적 열세... 말할 때는 상대방을 내려다보라

전직 여성 주지사 하이데 시모니스가 당시 경쟁자 페터 해리 카스텐센과 텔레비전 토론을 끝낸 뒤 신체적으로 위협받는 기분이 들었다고 했다.

당시 하이데 시모니스는 분명히 토론하기 불리한 처지에 있었다. 왜냐하면 두 적수는 좁은 테이블 하나를 사이에 둔 채 앉아 있었고 의자는 높이가 조절되지 않았다. 따라서 현저하게 키나 덩치가 큰 경쟁자가 가까운 거리에서 큰 소리로, 그것도 위에서 아래로 위압적으로 언어 공격을 퍼부을 수 있었다. 사회자는 하이데 시모니스를 내려다보며 질문한 반면, 페터 해리 카스텐센은 올려다보아야 했다. 카메라 역시 시청자들이 현직 주지사를 내려다보는 반면, 주지사의 경쟁자는 올려다보도록 설치되었다.

몸집이 작은 사람은 거리 또는 가장 좋기로는 의자 높이를 조절해 작은 차이라도 없애려고 노력해야 한다. 이 시나리오에서는 이 두 가지 모두 여의치 않아서 카스텐센이 시각적으로 시모니스를 압도하고 우성적인 측면을 분명히 드러냈다.

게다가 두 경쟁자가 앉은 무대배경도 달랐다. 카스텐센의 뒤에는 빛나는 푸른 벽면이 보인 반면, 시모니스의 뒤에는 청중과 스튜디오 장치가 보였다. 또 계속해서 왼팔을 시모니스의 영역으로 휘두르면서 역동적인 제스처를 펼쳐대는 적수에게서 좁은 테이블은 전혀 보호막이 되지 못했다. 시모니스는 상대방의 행동을 되받아치거나 경고하지 못하고 내버려두었다.

그래서 시모니스는 모든 면에서 시각적으로 열등했다. 우리 잠재의식은 원하든 원하지 않든 간에 이런 인상을 평가한다. 왜소한 남성이 더 크게 보이려고 애쓰는 데는 다 이유가 있다. 프랑스의 니콜라 사르코지 대통령이 단체사진을 찍을 때 뒤꿈치를 든다는 기사를 심심찮게 볼 수 있다.

'더 크게', '더 강하게'는 권력자의 모습과 무의식적으로 연결되는 개념이다.
상대방과 거리를 둠으로써 외적인 열세를 없애라!

이런 사실은 복도에서 키가 큰 동료가 당신에게 말을 걸어오거나 어떤 사안을 의논하려고 할 때도 마찬가지다. 어린아이처럼 그 사람 옆에 붙어 서서 그를 올려다보느라 고개가 돌아가도록 내버려두지 마라. 그 대신 지금 시간이 없으니까 한 시간 뒤에 사무실로 와달라고 말하라. 사무실에서는 일단 그를 자리에 앉혀서 같은 '눈높이'에서 서로 대화할 수 있게 하라.

우성인자는 결코 크기나 소리의 강도를 통해서만 얻을 수 있는 게 아니다. 조용히 말하면서도 막강한 에너지를 발휘할 수 있다. 그 외에도 빈정거림이 성공적인 방어 수단이 될 수 있다. 손을 이용한 분명한 제스처도 상대방을 제지할 수 있다.

직장에서 회의할 때 졸렬한 행동을 보이는 사람은 평상시 제재로 상응한 조치를 취할 수 있다. 이에는 여러 가지 방법이 있다.

반칙... 한계를 제시하고 존중을 이끌어내라

반칙은 그냥 넘어가지 않는 것이 중요하다. 상대방에게 한계를 제시하고 존중을 이끌어내라. 그래도 잘 안 되면 당신도 더 심하게 반칙할 수 있음을 보여주면서 존중을 강요해야 한다.

반칙은 주로 방해나 신체 공격 형태로 나타난다. 이 두 경우 모두 공격을 당장 막아내는 것이 중요하다. 상대방이 방해하더라도 말을 계속함으로써 방해받지 않아야 한다는 의미다. 한번 해보라! 이 방법에서 가장 좋은 점은 사람들이 당신의 이런 행동을 결코 나쁘게 생각하지 않고 오히려 존중하게 된다는 것이다.

누가 당신을 그냥 만지거든 움찔하지 마라! 당신도 상대방을 만져라! 누가 당신의 영역을 침범하거든 그 영역을 방어

하면서 결코 도망쳐서는 안 된다! 어쨌든 직장에서는 안 된다. 물론 한밤중에 공원에서라면 이야기가 달라지지만 말이다. 가장 좋은 방법은 당장 수비하는 것이다. 여성들은 대부분 신체 공격에 대해 반사적인 회피 동작으로 반응하기 때문에 수비를 따로 훈련할 필요가 있다.

내가 늘 어이없게 생각하는 것 가운데 하나가 많은 여성이 남자들의 방해를 당연하다는 듯 받아들이면서 일단은 남자의 말에 귀를 기울인다는 사실이다. 그렇게 하지 않으면 공손하지 않기 때문이다. 그러나 시합에서는 호루라기를 불기 전까지는 반칙을 계속하는 법이다.

반칙 게임을 직접 논의할 때 항상 불리하게 작용하는 것이 있다. 다음과 같은 말을 사람들이 모인 자리에서 한다고 상상해보라.

"내가 한 번도 제대로 말을 끝내지 못하는 건 정말 불공평해."

이런 말이 남성 입에서 나올까? 거의 그렇지 않다. 남성들은 이런 주제를 절대로 문제 삼는 법이 없다. 그 대신 당장 해결하고 만다. 기본적으로 문제 삼아서 시작할 수 있는 일은 거의 없다.

> 반칙 게임을 논의하는 대신 당신 문제를 직접 해결하라.
> 당신도 반칙으로 응수하라!
> 그것도 다시 반칙당하지 않도록 세게 반칙하라.

예를 들어 상사가 당신의 고객 앞에서 말참견을 계속하면 둘만 있는 자리에서 이유를 물어라. 상사에게는 당신이 너무 복잡하게 또는 너무 길게 말하거나 주제를 정확히 짚지 못하는 걸로 보일 수도 있다. 그러나 상사가 자신의 지위를 과시하려고 그냥 끼어든 경우라면 당신의 건설적인 질문 덕분에 자신의 행동을 깨닫고 앞으로는 끝까지 말하도록 내버려둘 것이다.

이밖에도 정보 문제에서 반칙 게임이 벌어진다. 당신의 아이디어나 업적을 자기 것인 양 공을 세우려는 동료에게 빼앗기는 경우가 있다. 가장 졸렬한 술책은 예나 지금이나 남의

문서를 자신의 것으로 가로채는 일이다. 이런 문제는 이제 쓰기 방지 기능이 있는 피디에프 파일로 방지할 수 있다.

하지만 다음과 같은 일이 일어날 수도 있다. 당신에게 어떤 아이디어가 있어 동료에게 가서 말한다.

"마틴, 데이터뱅크를 위해 고객 설문 자료를 추가로 이용할 수 없을까? 고객은 틀림없이 아주 좋아할 텐데. 어떻게 생각해?"

마틴은 그 아이디어가 근본적으로는 나쁘지 않으며 한번 생각해보는 게 좋겠다고 한다. 그러나 마틴의 사무실을 나와 당신의 컴퓨터 앞에 앉았을 때 마틴이 '전체'에게 보낸 '긴급' 이메일을 보게 된다.

"데이터뱅크를 만드는 데 고객 설문 자료를 이용하는 방안에 관해 내일 오후 2시에 회의를 소집합니다."

이는 한 세미나 참석자가 들려준 전형적인 예다.

이런 반칙에는 벌칙을 가해야 한다! 당장 마틴의 사무실로 가서 앞으로는 내 아이디어를 논의하기 위해 사람들을 소집하기 전에 내게 먼저 물어보라고 분명히 말하라.

"내 의견을 동료들과 의논하고 싶었으면 진작 그렇게 말하지 그랬어. 그럼 내가 직접 이메일을 보냈을 텐데."

당신이 이런 문장을 조용히, 그러나 단호하게 말한다면 마틴은 앞으로 이런 식의 방해가 당신에게 통하지 않을 거라고 판단할 것이다.

게다가 회의가 시작되면서 당신은 이것이 원래 내 아이디어인데 마틴이 모두 모인 자리에서 의논하는 방안을 좀 성급하게 내놓았다는 사실을 밝혀야 한다.

"어제 내가 데이터뱅크를 위해 고객 설문 자료를 추가로 이용하자는 아이디어를 냈어요. 근데 마틴이 모두 잠깐 모여 이 문제를 의논하는 게 좋겠다고 말했어요. 어떤 조사 종류가 좋을까요?"

이런 것도 대화의 접근 방법이 될 수 있다. 그럼 모두 어떻게 된 영문인지 알게 될 테고 당신이 다시 주도권을 쥐게 된다.

반대로 여성들이 이런 식으로 남성들의 정보를 가로채는 예에 대해서는 별로 들은 바 없다. 정보는 힘이다. 지식은 힘이다. 여성들은 이 권력을 너무 순진하게 대하고, 아무나와 기꺼이 정보를 공유한다.

정보는 힘이다!

당연히 정보를 아무나와 공유하면 안 된다.

또 아무도 당신 아이디어를 가로채지 못하도록 조심하라!

성취력...일 잘하는 사람을 판단하는 기준

여성들은 장밋빛 꿈을 안고 직업세계에 발을 들여놓는다. 우선 직업적으로 훌륭한 업적을 쌓고 이 업적에 상응하는 인정을 받고자 기대한다. 이미 말했듯이 여성은 남성보다 훨씬 더 과제 지향적이다. 이런 기대는 여성적 커뮤니케이션 모델에서 기인한다. 그러나 아무리 당나귀처럼 뼈 빠지게 일해도 전형적인 여성적 견해를 고집한다면 결코 인정받을 수 없다.

이런 상투어는 함정이다.

"여자는 남자보다 더 잘해야 인정도 받고 출세도 할 수 있다."

많은 여자와 남자가 이 말을 믿는다. 나도 마찬가지다. 그러나 조심하라! 함정은 여성과 남성이 '…보다 더 잘해야 한다' 는 표현을 완전히 다르게 이해한다는 데 있다. 여성은 이 말을 내용면에서 더 나은 업적으로 이해하고, 남성은 더 나은 성취 능력으로 이해한다! 수많은 여성이 잘나가다가도 결국 중간 관리직에 '머물고' 마는 이유가 여기에 있다.

"일을 잘하는 사람은 더 나은 사람이 아니라 더 잘 성취하는 사람이다."

커뮤니케이션 트레이너 코넬리아 토프가 이 주제와 관련해서 한 말이다. 코넬리아 토프의 말이 옳다.

모니카 함스가 새 연방 검찰총장이 되었을 때 독일 공영방송국 체데에프의 〈호이테〉 편집장은 모니카 함스를 '성취력을 갖춘 검증된 전문가'라고 표현했다. 샤로테 크노블로흐가 독일 유대인 최고위원회 회장이 되었을 때 〈타게스테멘〉은 샤로테가 '성취력이 있고 목표 지향적'이라고 평가했다. 성취력이라는 것이 여성에게 낯선 것이어서 특히 강조해서 언급해야 하는 모양이다. 하지만 남성에게 성취력은 당연한 것으로 간주된다.

성공을 원한다면 내용상 좋은 성과를 내는 것만으로는 부족하다. 성취력도 있어야 한다!

여성은 논쟁을 개인적으로 받아들이는 경향이 있다. 그러나 이를 공명정대하게 보려고 노력해야 한다. 남성은 서열 게임에서의 공격에 개인적으로 당황하는 일이 거의 없다. 인간적으로 상처받았다고 느끼지 않기 때문이다. 남성이 굴복하는 경우는 그날 그 상황에서 충분히 잘하지 못했기 때문이다. 이때도 다음에 잘하면 된다! 천민은 싸움도 잘하고 화해도 잘한다. 남성은 보통 멋지게 싸운 뒤 함께 한잔 하러 간다. 심지어 인정한다는 듯 서로 어깨를 두드리며 성공적인 난타전을 축하할 수도 있다.

여성은 이렇게 하기가 그리 쉽지 않다. 일반적으로 여성은 일의 결과에 훨씬 강하게 동일시하기 때문이다. 따라서 자기가 한 일의 내용이 공격받으면 개인적으로 훨씬 빨리 당황한다. 그러나 남성에게는 논쟁에서 감정적으로 물고 늘어지거나 비판하면 곧장 울기 시작하는 여성만큼 이해하기 힘든 것도 없다. 따라서 정말 당신 자신이나 업적이 공격당하는지, 아니면 서열 게임에서 당신 지위가 공격당하는지 구분하는 것이 중요하다. 직장에서는 자신을 체스판의 게임자로만 이해하려고 노력하라. 사적인 것은 퇴근 후로 미뤄야 한다.

**공격을 개인적인 것으로 받아들이지 마라.
이건 게임이다!**

당신이 조용하고 수줍음을 타는 대표적인 여성인데, 이제 자신의 태도를 바꿀 수 있는지 스스로 묻는다면, 그렇다! 바꿀 수 있다!

이에 관해 아주 좋은 예가 있다. 한 남자 상사가 아주 지적이면서도 부드러운 여성 직원을 타당한 성취력이 부족하다는 이유로 승진시키지 않았다. 이 여성이 말했다.

"나는 이 일로 좌절하기에는 너무 아까워. 성공적으로 성취하는 법을 배울 거야."

여기서 중요한 것이 두 가지 있다. 첫째, 현재의 일자리를 잃는 게 별 일 아니라고 분명히 인식하는 것이다. 왜냐하면 지금까지 받은 교육과 노하우가 있어 언제라도 새로운 일자리를 얻을 수 있기 때문이다. 둘째, 남들이 자신을 좋아하느냐 아니냐는 중요하지도 않고 중요해서도 안 된다는 것이다. 이 여성은 아무것도 잃을 게 없으며 조금도 두려움 없이 자신이 옳다고 여기는 것을 할 수 있다는 사실을 깨달았다. 너무 아까운 여성이기 때문이다! 지금까지 다른 사람의 호의를 겨냥한 태도가 상사에게 인정받지 못한 것이 틀림없다. 이런 인식과 함께 이 여성은 자유롭게 일하면서 자신만의 조용하지만 아주 확실한 길을 발견하고 실행에 옮겼다. 그런 뒤에 이 여성은 승진했다.

이런 맥락에서 상대방이 팬티차림으로나 벌거벗은 채 서 있는 모습을 상상해보라. 어떤 방법을 선호하든 간에 중요한 것은 권력자와 일할 때 두려움을 갖지 말아야 한다는 점이다. 권력자는 당신의 두려움을 100미터 밖에서도 귀신같이 감지한다. 권력자는 대부분 이를 동정이나 관용으로 대응하지 않고 거의 반사적으로 공격하게 마련이다.

두려움을 보이지 마라!

많은 권력자가 이를 배려하는 것이 아니라 무자비하게 공격한다.

서열 게임... 여성이 아니라 경쟁자가 되어라

서열 게임은 여성들에게 한층 더 불리한 면이 있다. 낯선 게임일 뿐만 아니라 대개는 여성을 둘러싸고 벌어지는 남성간의 게임이라는 점에서 그렇다. 우승자의 포상이 여성인 게임에서 당연히 여성은 동료 게임자가 아니라 경쟁자로 다가온다.

따라서 1단계가 중요하다. 당신이 여성으로서 새로 직업세계에 발을 들여놓게 되거든 일단 절대 경쟁자로 인식되지 않아야 한다. 유감스럽게도 대졸 여성들은 보통 이런 사실을 잘 모른다. 이들은 이를 동등한 권리로 여기기 때문에 나중에 자신이 학력이 낮은 남자 동료들만큼 출세하지 못한다는 사실에 놀라게 된다. 이때 여성들은 잘못의 원인을 자신에게서 찾는다. 이는 어떤 면에서는 옳지만 그래도 엉뚱한 곳에서 원인을 찾는 격이다.

학교생활과 반대로 직업생활에서는 권력이 중요하다. 이제는 심각해진다. 그렇다고 해서 사람들이 당신에게 다정하게 인사를 건네지 않는다거나 회의에서 커피와 빵을 대접받지 못하는 건 아니다. 아마 일을 잔뜩 받을 수도 있다. 그렇다고 해서 당신이 중요하게 여겨지는 것은 아니다. 당신은 서열 게임에 등장하지 못한다.

그 대신 2단계로 항상 성별 체크가 뒤따른다. 누군가, 특히 남자가 당신을 인식한다면 그것은 여성으로서지 잠재적인 경쟁자로서가 아니다. 따라서 이런 식의 검열을 피한답시고 숯검정을 칠하고 다녀봤자 소용없다. 그럼 성별 체크에서만 더 안 좋아질 뿐이다. 남자가 에로틱 게임을 시작한다면 당신도 물론 동참할 수 있다. 그러나 서열 게임과 에로틱 게임을 혼동하지 마라! 당신은 이제야 2단계에 놓여 있고, 이는 원래의 권력 게임과는 조금도 관계가 없다.

3단계로 넘어가 보자. 당신이 에로틱 게임을 거부하면서 자동으로 나타나는 현상이 하나 있다. 바로 거부다. '불감

증 계집', '재수 없는 년', '얼음 같은 년.' 어디서 들어본 말 같은가? 당신 앞에다 대고 크게 말하는 것은 들어보지 못했지만 그런 기분을 느껴본 적은 있는가? 많은 여성이 이 거부를 이겨내지 못해서 다시 에로틱 게임에 들어간다. 그러나 걱정하지 마라. 거부 단계에서 내용적인 면을 추구하면서 그 내용물과 함께 지위를 얻기 위해 계속 싸운다면 당신도 드디어 서열에 들어서게 된다.

이제는 4단계다. 이제 당신은 진지하게 받아들여지고 경쟁자가 된다. 그렇다고 해서 사람들이 당신을 좋아하거나 당신이 특별히 인기가 있다는 뜻은 아니다. 당신이 게임에 함께 참여한다는 뜻일 뿐이다. 서열에 들어서면서 존중감이 함께 결합된다면 가끔 동료의식 같은 것도 생겨난다. 남자들이 갑자기 당신에게 '여자' 이야기 같은 걸 들려주게 된다. 대개 남자들끼리만 할 이야기를 말이다.

1단계 : 진지하게 받아들여지지 않는다.

2단계 : 성별 체크

3단계 : 거부

4단계 : 서열 게임에 합류 — 경쟁

따라서 당신이 여성으로서 회사에 입사하면 1, 2, 3단계를 피하는 게 문제가 아니라 4단계에 들어설 수 있는지, 또 그게 언제인지가 문제다.

수많은 여성이 특히 2단계 성별 체크에서 큰 문제점을 표출한다. 이 단계의 게임을 거부하려는 여성들은 '성과 관계없는' 사람처럼 옷을 입으려는 경향을 쉽게 보인다. 이런 여성들은 한 치수 크며 가능한 한 허리선이 없는 블레이저를 입고, 극도로 단정하게 화장하며, 머리는 깔끔하게 묶는다. 모든 면에서 가능한 한 덜 유혹적으로 보이겠다는 것이 그 목적이다. 이것이 현대적인 은폐 방법이 아니고 무엇이겠는가? 만약 외설적인 표현에 자신감을 잃고 마는 여성이 자루 속에 몸을 숨긴다면 이 자루 패션도 아무 소용없게 된다.

게임의 여왕이 되기 위한 올바른 조처는 외설적인 표현을 듣고 흘려버리는 것이다. 자비롭게 흘려버려라. 당신은 매력적인 옷을 입고, 몸매를 강조하고, 예쁘게 화장해도 된다. 당신이 확실한 여왕의 광채를 지닌다면 동료와 상사들은 당장 언행에 주의할 것이다. 적어도 당신 앞에서는 말이다.

당신이 공격적인 비난에 내맡겨진다면 이는 당연히 체스의 퀸이 여전사라는 뜻이다. 따라서 말로 반격하고 한계를 설정하라! 이는 남성들이 언제나 당신을 2단계로 밀어 넣으려고 할 때도 해당된다. 이에 대한 전형적인 예가 바로 '젊은 처자', '자기', '그렇게 쌀쌀맞게 굴지 마', '저 여자, 오늘이 그 날인가 봐' 같은 표현이다. 당신이 그들의 뜻대로 행동하지 않거나 훌륭한 주장으로 경쟁자로 부상하려고 위협할 때 나오는 표현들이다.

'젊은 처자'라는 표현에는 '젊은 총각'으로 맞받아칠 수 있다. 특히 상대가 50세 된 남자일 경우 말이다. 회의에서 누군가 당신에게 '자기', '귀염둥이'라고 하면 모두 있는 자리에서 회의가 끝나면 단둘이 얘기 좀 하자고 청하라. 이는 대개의 경우 큰 효과를 보인다. '쌀쌀맞다', '그날이다' 같은 표현은 그냥 듣고 흘려버려라.

일단 한번 지도력을 갖게 되면 4단계로 인정받는 일은 당연히 쉬워진다. 하지만 새로운 분야나 환경에 들어오게 되면 게임은 매번 처음부터 다시 시작된다. 그럼 늘 다시 4단계를 실행하고 서열에서 점점 심각하게 여겨지는 동료 투쟁가로 인식된다. 여기서 다행인 것은 그 동안의 연습과 경험을 바탕으로 나중에는 몇 초 또는 몇 분밖에 걸리지 않으며 결국에는 즐겁게 서열 싸움에 임하게 된다는 것이다.

여성으로서 당신은 서열에 합류하기까지 늘 세 단계를 거쳐야 한다. 이는 당신 개인만의 문제가 아니다.
마음을 편히 갖고 공명정대하게 이를 받아들여라!

협력... 여성 동료에게 예쁘다고 말하라

서열 게임에서 여자가 두각을 나타내지 못한다는 것은 여성들이 직업세계에 처음 발을 들여놓으면서 여자보다는 남자 동료와 일하는 게 더 편하다는 인상을 갖는 이유를 설명해준다.

"솔직히 말해 나는 직장에서 남자들과 일하는 게 훨씬 편해. 남자들이 좀 덜 쪼거든."

이런 말이 자주 들리는데 내가 보기에 이는 큰 착각이다. 이 말은 여성들이 같은 여자끼리는 곧장 경쟁관계에 들어가는 반면, 남성들은 여성을 위험하지 않은 일벌로 인식해서 친절하게 대하는 것과 관련이 있기 때문이다. 여성의 업무능력을 인정하는 것이나 여성으로 인정하는 것 모두에서 이런 사실이 해당된다.

내 경험으로는 당연히 대부분의 남성과 마찬가지로 여성과도 기본적으로 아주 훌륭하게 협력할 수 있다. 물론 여성들에게는 주의해야 할 규칙이 한 가지 있다. 이미 언급한 것처럼 여성은 네트워크로 커뮤니케이션한다. 이때 여성들은 뚜렷한 서열관계를 만들어내려고 노력하지 않는다. 그러나 한 가지 예외는 있다. 바로 '세상에서 누가 가장 예쁜가?' 하는 경쟁심, 다시 말해 남성의 호의를 둘러싼 경쟁심에서는 문제가 다르다.

남성의 호의를 얻기 위해 경쟁하는 여성들이 얼마나 위험해질 수 있는지 여성이라면 모두 알고 있다. 오랜 세월 사회적 지위와 때로는 생존이 전적으로 남성의 호의에 달려 있었다. 따라서 다른 여성들과 문제없이 건설적으로 일하고 싶다면 직장에서 이 게임에 말려들지 말아야 한다. 스스로 이렇게 말하라. '네가 여기서 가장 예뻐!' 이렇게 하면 보통 마음의 평화를 얻고 일에 전념할 수 있다. 그럼 여성들은 이제 서열 게임에 마음을 쓰지 않아도 되기 때문에 서로 조화롭게 일할 수 있다.

물론 당신은 '네가 여기서 가장 예뻐'라는 말을 진심으로 해야 한다. 세미나 참석자 가운데 한 여성이 이 방법을 써보았지만 효과가 없었다고 불만을 토로한 적이 있다. 다른 여성이 회의 내내 자신을 야단쳤다는 것이다. 내가 물었다.

"그 여자 옷이 아주 멋지다고 말했을 때 진심이었나요?"

그 여자는 진심으로 이렇게 대꾸했다.

"물론 아니죠! 옷은 꼴불견이었다고요!"

이런 식으로는 성공할 수 없다. 우리의 태도, 몸짓, 목소리는 진심을 슬쩍 드러낸다. 차라리 당신이 정말 멋지거나 아름답다고 생각하는 여성을 찾아 그렇게 말하라.

사실상 넘버원이 되어야 한다

서열 싸움에 관여하지 않고 한 부서를 이끌 수 있을까? 물론 이끌 수 있다. 당신이 책임을 맡은 부서에서는 지위상 당신이 넘버원이다. 이 지위를 서류상으로만이 아니라 그룹 내에서도 인정받는다면 당신은 부서를 뜻대로 이끌 수 있다. 문제는 부서를 넘어서는 차원의 회의나 협상에서 이해관계를 실행하거나 당신 지위가 자체 서열에서 공격을 받을 때다. 이 경우에는 당신이 게임을 거부하더라도 다른 사람들은 당신과 함께 게임을 계속한다. 이는 본능적이다! 게다가 당신이 함께 게임하지 않으면 당신의 주장을 성공적으로 실행하기가 몹시 어려워질 수도 있다.

부서 안에서는 단지 서류상으로만 지위를 인정받는 게 아니라 사실상 넘버원으로 인정받는 게 중요하다. 협회나 연맹에서 당신이 공식적인 지위에 선출되는 상황이 발생한다. 아무도 그 자리를 탐내지 않기 때문이다. 그러나 그 뒤에는 비공식적인 리더가 있어서 계속 조종한다. 이런 일은 가끔 일어난다. 직장에서는 당신에게 제대로 복종하지 않는 팀을 이끌라는 과제를 당신이 받았을 때 이런 상황이 쉽게 일어날 수 있다.

세미나에 참석한 일부 코치에게 바로 이런 문제점이 있었다. 이들은 공식적으로 넘버원이었지만 팀이 자기 생각대로 돌아가지 않는 이유를 이해할 수 없었다. 그러다가 팀원에 의해 대화가 중단되고 그로써 회의가 늦어지면서 일이 제때 처리되지 못하는 일이 발생했다. 자세히 관찰한 결과 이들 코치들은 사실상 팀에서 넘버원이 아니라 넘버 투 또는 넘버 쓰리였다는 게 밝혀졌다.

그렇다면 이 문제는 서열 싸움에 합류해 자신의 지위를 확고히 하면서 활발히 풀어야 한다. 더 확실한 위계질서 안에서는 이렇게 하는 게 훨씬 간단하다. 당신의 지위가 팀의 공격에 맞서 확실하게 보호해주기 때문이다. 결국에는 당신이 책임자로서 행동에 제재조치를 가할 수 있음을 팀원들이 분명히 이해하게 된다.

공식적으로 넘버원이 된다고 해서 실제적으로 승인된 넘버원이 된다는 뜻은 아니다. 수많은 지도력 문제가 이런 오해에 근거한다.

권력의 상징…뽐내는 것이 아니라 당연히 이용하는 것

　체스에 대해 한 번도 들어본 적이 없는 사람이라도 어떤 말이 가장 중요한지는 추측할 수 있다. 바로 킹과 퀸이다. 이유가 뭔가? 이 말들이 가장 큰 데다 중앙에 있으며 왕관을 쓰고 있기 때문이다.

　우리는 보고, 듣고, 냄새 맡고, 맛을 보고, 느끼는 모든 것을 지금까지의 경험에서 나온 추가 정보와 연결한다. 이는 자동으로 일어나며 대부분 의식도 못한 채 이루어진다. 우리는 사회구조 속에 살기 때문에 한 사람에 대한 정보도 그의 지위와 관련된 평가와 연결해서 얻는다.

　이제 육중하그 광택이 나는 검은색 BMW가 조용히 무게감 있게 도로를 달리는 모습을 상상해보라. 운전대에 누가 앉아 있을까? 아마 남자가 앉아 있을 것이다. 그럼 소형차인 골프에는 누가 타고 있을까? 주차하기 훨씬 쉽고 뒤 트렁크에 물통을 싣기 수월한 골프는 여자가 운전하고 있을 것이다. 도시 교통체계를 논리적으로 고려하면 적재 용량이 많으면서도 작은 차가 좋다고 한다.

그러나 이는 '체면보다 내용!'을 고려한 말이다. 차를 두 대 보유한 가정에서는 대부분 위신을 세워주는 큰 차는 '남자'가, 작고 실용적인 차는 '여자'가 몰고 다닌다. 남성은 그 반대로 할 수 있다는 건 전혀 생각하지 못한다. 여성도 대부분 마찬가지다. 그렇다고 여성이 주차 실력이 더 없기 때문에 그런 건 결코 아니다.

여성은 대개 권력의 지위 상징에 뚜렷한 흥미를 나타내지 않는다. 이에 대한 원인은 개념으로서의 권력이 많은 여성에게 부정적으로 각인되어 있기 때문인 것 같다. 여성은 권력을 출세 수단으로 경험한 적이 거의 없다. 오히려 권력 남용의 피해자가 된 경우가 훨씬 더 많다. 개인적으로 심각한 부정적 권력 남용을 경험한 경우가 아니더라도 여성에게는 집단의식이 있다. 할머니와 어머니 세대에게 들은 이야기, 여성단체에서 나온 보고서, 억압당하고 강요당하는 다른 여성들의 경험 등을 통해서 말이다.

그러나 권력은 사회생활 곳곳에 존재하게 마련이다. 백과사전 『브로크하우스』에 나오는 권력의 정의는 이렇다.

"권력은 사회적 관계에서 사회적 불평등과 다양한 권한 (불균형)에 대한 표현으로서 사회생활의 기본 현상이다. 권력은 특정한 일원이 자신의 지위를 근거로 다른 일원의 행동방식과 의견에 영향을 미치고 이를 통해 사회적 상호작용의 방향을 결정하는 것이다."

가장 잘 알려진 막스 베버의 정의에 따르면 권력은 '사회적 관계 안에서 저항에도 불구하고 자신의 의지를 관철할 수 있는 기회로, 그 기회의 근거가 어디든 상관없다.'

이 정의는 권력의 원천을 도외시하기 때문에 혹시 있을지도 모르는 권력의 합법화를 완전히 배제한다.

권력은 존재한다. 권력이 없다면 우리의 사회생활은 상상할 수 없다. 자신의 권력을 이용하는 것만으로도 부정적이 될 수 있다. 당신에게 권력이 있다면 뜻 깊고 좋은 일을 이루는 데 사용할 수 있다. 권력이 없다면 이런 것도 가능하지 않을 것이다.

우리 사회에서 자동차는 중요한 지위 상징이다. 이런 사실에 고개를 흔들며 빈정거릴 수도 있다. 그러나 그렇게 한다고 해서 사람들 대부분의 인식을 바꿀 수는 없다. 바로 이런 이유로 수많은 남성에게는 크고 비싼 차를 타고 다니는 게 아주 중요하다. 그러나 여성들에게는 대부분 그렇지 않다. 당신도 느꼈는가? 문제는 다시 서열 게임이다. 내 차, 내 집, 내 요트. 이 모든 게 서열에 중요하다. 만약 골프를 타고 지하차고로 들어간다면 당신은 이미 차고 게임에서 진 것이다.

사람들이 외적인 신호에 얼마나 강하게 반응하는지는 쇼핑에서도 확연히 드러난다. 허름한 운동복을 입고 기름기가 흐르는 머리로 비싼 야회복을 사러 상점에 들어간다면 점원이 당신을 거들떠보지 않을 확률이 꽤 높다. 그러다가 점원 한 사람에게 말을 걸면서 도움을 요청할 경우 점원은 건성으로 반응할 것이다. 한 실험 결과를 보면, 옷을 아주 잘 차려 입은 사람이 빨간 신호등에서 무단 횡단할 경우, 신호를 기다리던 나머지 사람들도 대부분 따라 건너는 반면, 옷을 별로 잘 입지 못한 사람이 무단 횡단할 때는 나머지 사람들이 동조하지 않는 것으로 밝혀졌다.

위계적으로 조직된 기업에는 직책에 따른 권력과 지위가 있다. 모든 조직에는 서열과 관련된 자체 규칙과 지위 상징이 있다. 조직이 클수록 이 권력 상징은 더 정확하게 정의된다. 동료들은 어떤 직책에 어떤 지위 상징이 따르는지 알고 있다. 오늘날 점점 더 많은 사람이 이메일로 직접 글을 쓰고 예약도 하지만 비서실 같은 경우는 내용적 기능 외에도 지위 가치를 갖는다. 많은 회사의 경우 비서실의 존폐 여부는 업무 부담이 아니라 위계수준과 관련되어 있다. 당신의 책상이 과도한 업무량에 무너져 내리는 동안 옆 사무실의 매니저가 하루 종일 뭘 하는지는 아무도 모른다. 그러나 그의 사무실 앞에는 비서실이 있어서 비서는 매니저와 마찬가지로 하루 종일 따분해한다.

한 사람이 차지하는 제곱미터도 직책에 따라 정해진다.

공간도 권력을 의미하기 때문이다. 따라서 사무실 크기도 천차만별이다. 책상 크기와 평가도 서열과 관련되어 있다. 주차장에 주차할 수 있는지, 그렇다면 어디에 해야 하는가 하는 문제는 당신이 출근하기 전에 아이를 빨리 유치원에 데려다주고 출근을 급하게 서둘러야 하는 스트레스에 쌓인 어머니라는 사실은 전혀 중요하지 않다. 그 대신 회사에서의 직책에 따라 현관 바로 앞 주차장인지 지하주차장인지가 결정된다. 사장이 느긋하게 현관 바로 앞 지정 주차장에 주차하는 동안, 당신이 아침마다 주차할 곳을 찾기 위해 20분씩 헤맨다고 신경 써주는 사람은 아무도 없다.

따라서 당신이 승진하게 돼서 4제곱미터와 화분이 하나 더 주어진다면 이를 받아들이는 게 좋다. 이를 받아들이는 대신 이렇게 말해보라.

"아뇨, 됐어요. 무엇 때문에 가구를 바꾼다는 거예요? 그럼 돈만 들잖아요. 난 여기 이 작은 모퉁이가 아주 편하고 좋아요. 그럼 동료들과도 훨씬 가깝고 좋잖아요."

이렇게 말할 경우 당신은 잘못 평가될 수도 있다. 동료와 상사들은 누가 몇 제곱미터를 차지하느냐는 정보를 자동으로 등급화해서 평가한다. 당신의 동료가 확실히 더 넓은 자리를 차지하고 있다면 등료들이 당신보다 그를 더 중요하게 여기고 더 많은 권력을 부여한다는 뜻일 수도 있다. 기업에서 주는 지위 상징을 포기한다면 당신은 인생을 힘들게 할 수도 있다. 지위 상징을 뽐내는 것과 그냥 당연히 이용하는 것에는 중요한 차이가 있다.

> 조직이 클수록 권력 상징은 직위와 더 정확하게 연결된다. 당신에게 주어진 권력 상징을 당연히 이용함으로써 당신은 인생을 수월하게 보낼 수 있다.

여기서는 당신 지위에 걸맞게 처신하도록 조심하는 게 중요하다. 예를 들어 자동차 문제는 민감하다. 당신이 상사보다 더 비싼 차를 구입할 능력이 되더라도 조심하라! 경우에 따라서는 훨씬 많은 곤란한 일에 부딪힐 수도 있다.

복장…편안한 옷차림의 유혹을 이겨내라

직장에서 왜 여성을 위한 명확한 복장 규정이 없는지 의문을 품어본 적이 있는가? 남성의 경우 모든 게 명확히 규정되어 있다. 거의 모든 분야에 양복-넥타이 코드가 적용된다. 독일의 모든 전통적 산업분야에서 여전히 '남자'는 회색이나 푸른색 양복에 흰색 와이셔츠를 입고 넥타이는 너무 눈에 띄지 않는 무늬로 매야 한다. 요즘에 와서는 예를 들어 패션분야에 종사하는 남성들은 다소 과감한 콤비네이션을 선택할 수 있지만 기본적으로는 직책이 높을수록 적절한 복장에 대한 기대가 더 엄격해져서 봉합선이 있는 구두, 커프스, 맞춤 양복 형태를 지켜야 한다.

나는 얼마 전에 한 미디어 기업의 인사책임자와 이 문제를 이야기한 적이 있다.

"우리 회사는 복장에 관해서는 형식에 얽매이지 않고 훨씬 자유롭죠. 그건 우리 회사의 업종과 관련이 큰 것이 틀림없어요."

그 책임자가 한 말이다. 그러나 이는 구내식당에서나 만날 수 있는 직원들에 해당하는 이야기다. 고위층은 어떤 복장을 하는지 묻자 그는 이렇게 대답했다.

"그 사람들은 당연히 검은색 양복을 입죠."

이 회사에서도 복장은 지위 상징의 기능을 이행한다. 복장은 당신의 회사와 직위를 말해주기 때문에 엄격하게 감정되고 평가된다. 단지 상사만이 아니라 동료들도 이를 평가한다. 일반적으로 옷을 우아하게 차려입으면 좀더 존중받는다. 일부 현대적 산업분야에서는 과감하게 멋진 차림을 해도 좋다.

남성 시스템 안에서 복장 서열이 얼마나 엄격하게 취급되느냐는 특히 불합리한 넥타이 강요에서 잘 나타난다. 결국 넥타이를 안 매도 일을 똑같이 잘할 수 있으며 그렇다고 인상이 더 나쁘거나 지저분하게 보이는 것도 아니다. 그러나 드레

스코드가 얼마나 중요한가 하면, 만약 우두머리가 회의에 '편한' 옷차림으로 참석하라고 지시했는데(이 또한 우스운 일이긴 하지만), 누군가 이 사실을 잊어버리고 넥타이를 매고 나타났을 경우 일반 회의석상에 넥타이를 안 매고 참석했을 때만큼이나 불쾌감을 유발한다.

왜 이런 분명한 규정이 여성을 위해서는 없는 걸까? 아주 간단하다. 여성이 남성의 서열 시스템에서 지금까지는 아무 역할도 하지 못했기 때문이다. 그러나 예를 들어 창구에서 일하는 은행원의 복장 규정은 문제가 좀 다르다. 이 직책은 기업의 권력과는 아무 관계가 없으며, 은행원의 복장 규정은 항공 승무원의 유니폼이나 간호사복과 동일하게 볼 수 있다. 지도력과 관련해서 여성들이 지금까지 중요하지 않은 역할만 수행했기 때문에 분명한 규정을 아직 마련하지 못했다.

이제 서서히 여성들을 위한 복장 규정도 마련되고 있다. 여성의 높아진 자의식에 따라 몸매를 강조하는 형태의 바지 정장이 우세하다.

당신의 복장이 당신의 지위와 회사를 말해준다!
서열 게임에서 진지하게 받아들여지길 원하는 여성에게도 엄격한 복장 규칙이 적용된다.

    당신의 복장뿐만 아니라 전체적인 외모 관리는 대부분의 산업분야에서 기본적으로 중요하다. 블라우스와 바지 정장 차림은 늘 좋은 선택이며, 이때 정장 색상은 연한 것이 좋다. 원한다면 눈에 띄는 악센트를 줄 수 있다. 독특한 구두나 특히 눈에 띄는 멋진 액세서리로 치장하는 여성들도 있다.

    시커먼 양복 군단에서 돋보이기 위해서는 블레이저나 블라우스를 일부러 화려한 색상으로 매치하는 것도 괜찮다. 직책이 높을수록 이런 사치품은 브랜드가 있는 것으로 골라야 한다. '컨디션이 안 좋은' 날 폭신한 스웨터나 부드러운 니트로 편안한 옷차림을 하고 싶은 유혹을 이겨내라. 편안하게 신고 다닐 수만 있다면 하이힐도 전혀 나쁠 게 없다. 오히려 그 반대다. 결국 하이힐이 멋진 몸매를 만들어준다.

    권위 있는 표정, 목소리, 제스처를 보이고 싶다면 정장

차림도 나쁘지 않다. 이에 대한 가장 좋은 예가 콘돌리자 라이스로, 그녀는 하이힐과 스커트 차림을 하고도 눈길 한 번으로 모든 사람을 입 다물게 할 수 있다. 당신이 최근에 생긴 '쿨한' 산업분야에 종사한다면 요즘 유행하는 제대로 된 브랜드의 옷을 입어야 한다.

당신이 입는 의상의 효과를 과소평가하지 않는 것이 중요하다. 따라서 스스로 자신이 없을 때는 이 분야의 전문가들에게 자문을 구하는 것이 좋다.

최고를 위한 최고를 갖추어라

권력 표시는 주변 어디에서나 볼 수 있다. 대화에서, 커프스에서, 책상에서 또는 전화 통화에서도 나타난다. 권력 표시는 동일한 것 중에서 인식표다. 여러 가지 클럽의 배지를 생각해보라.

당신은 회사 임원으로서 자전거를 타고 회사에 출근할 수 있는가? 집이 멀지 않은 데다 신선한 공기를 즐기면서 대형차는 좀 과하다고 늘 생각해왔다. 당연한 말이다. 특히 당신이 작은 회사에서 직책이 확고한 경우 이렇게 하기가 더 수월한데, 동료들이 더 많이 운동하도록 자극이 될 수도 있다. 그러나 규모가 좀 큰 회사의 경우, 다른 임원 네 명이 대형차를 회사 현관 바로 앞에다 주차하는 동안 당신은 건물 뒤에다 자전거를 세운다면 문제가 더 어려워질 수 있다. 회사 앞에다 대형차를 주차하는 사람은 결코 당하지 않을 '전문적인' 토론이 당신에게 강요될 수도 있다. 동료들이 당신을 무시해서 공격할 수 있기 때문이다.

이때 남성들 대부분의 견해가 도움이 될지도 모른다. 당신은 남성들의 값비싼 시계와 자동차가 어떤 의미인지 스스로 물을 생각을 하지 못했을 것이다. 이는 결국 각자의 분야에서 최고를 의미한다. 자신이 그 분야에서 최고라면 손목에 차고 있는 시계도 훌륭하고, 스테레오도 최고이고, 아파트도 가장 좋은 동네에 있고, 유명한 자동차를 타고 다니고, 유명 디자이너의 옷을 입고 다니는 게 그저 당연하기 때문이다. 유유상종이라고 할까. 그들이 보기에 이는 허풍과는 조금도 관계가 없다.

남성들은 지위 상징에서 최고를 위한 최고에 걸맞은 요구를 중요시한다.

비전...꿈을 실현할 기회를 높여준다

체스에서 퀸은 사방으로 갈 수 있다. 이때 퀸은 자신이 가려는 곳이 어떤지 명쾌한 생각, 즉 '비전'을 갖고 있어야 한다.

이루고 싶은 꿈을 구체적으로 그리면 이 꿈이 실현될 가능성이 높아진다. 예를 들어 바다가 내려다보이는 전망에 벽난로를 갖춘 저택이 비전이라고 하자. 그러나 이런 비전을 실현하기 힘들 것 같으면 선택의 지위 상징을 바꿔보라.

이 여성은 15세 때부터 아주 뚜렷한 장면을 상상했다. 늦어도 서른 살에는 바다가 내려다보이는 전망에 벽난로를 갖춘 저택을 갖고 싶었다. 그것도 아등바등 돈을 아껴서 사는 게 아니라 좀 여유 있게 사고 싶었다. 이 여성은 바다를 바라보며 아침식사를 하고, 밤에는 벽난로에서 나는 탁탁 소리를 들으며 책 읽는 모습을 그려보았다. 저택에 대한 그녀의 감각적인 상상은 완전한 생동감으로 연결되어 있었다.

그밖에도 그녀는 세상을 개선하는 데 기여하길 원했다. 그래서 정치적으로 활발하게 활동했고 특히 학생신문을 담당했다. 19세가 되자 이 여성은 신문학과에 입학해서 대학도시에 이미 집을 마련했다. 그러고는 현직 저널리스트를 만나 저널리스트의 일상이 어떤지, 편집실은 어떻게 작업하는지, 저널리스트는 수입이 어느 정도인지 문의했다.

그런 다음 계산기를 두드려본 결과, '바다 전망과 벽난로가 있는 저택'을 구입하기 위해 아무리 글을 써봤자 소용없음을 깨달았다. 그래서 그녀는 학업을 중단하고 집도 내놓은 뒤 경제적으로 전망이 좋은 분야를 찾기로 결심했다. 그 결과 28세에 그림 같은 바닷가에 집을 마련하게 되었다. 바로 IT 분야를 택한 것이다. 이 이야기의 배경은 1980년대다. 이 여성은 이런 이상주의를 지금까지 간직하고 있다.

이 예에서처럼 우리의 꿈이 늘 의식적으로 우리에게 영향을 주지는 않는다. 그러나 꿈이 우리를 무의식적으로 이끌면서 일상의 수많은 결정에서 방향 제시에 도움이 된다는 점이 훨씬 더 중요하다. 이런 꿈 덕분에 우리는 기회를 월등히 더 잘 인식할 수 있다.

당신이 임신했거나 임신을 간절히 원했거나 두려워한 적이 있다면 그전에는 전혀 보이지 않던 수많은 임산부가 갑자기 눈에 들어오는 걸 경험한 적이 분명히 있을 것이다. 이는 꿈이 공명판에 부딪히는 것과 관련이 있다. 무의식에서 지금까지 임신을 중요하지 않게 평가했기 때문에 정보가 와 닿지 않은 것이다. 그러나 이제 동일한 정보가 다르게 평가되면서 의식에까지 이르게 되었다.

일상의 정보와 비전 또한 똑같이 작용한다. 정보나 제안은 늘 목표를 배려해서 효과를 보인다. 비전은 우리의 꿈을 배려한다.

"바람도 목적이 있어야만 효과적으로 분다."

세네카가 한 말이다.

비전은 우리에게 동기를 부여한다. 예를 들어 30세에 다른 문화권의 흥미로운 사람들과 사업하면서 재미있는 도시를 여행하며 돈까지 잘 버는 꿈이 있다면 25세에 복사기 앞에 서 기분 좋게 일할 줄 알아야 한다. 꿈을 향해 가고 있기 때문이다. 꿈을 향해 가는 길에 아직도 수천 장을 복사해야 하는 건 즐겁지 않지만 그렇다고 당장 절망할 일도 아니다.

어느 동기 부여 훈련강사가 다음과 같이 쓴 글을 본 적이 있다.

"도살자에게서 물개를 구해내기 위해 작은 모터보트를 타고 살을 에는 듯한 추위 속에서 폭풍우가 몰아치는 바다로 나가는 사람은 자신의 행위에서 의미를 보기 때문에 가는 동안 마음이 충만하다."

우리가 간절하고 아름다운 목표를 꿈꾼다면 우리 또한 어떤 역경이라도 쉽게 감수할 수 있다. 운동선수라면 이를 잘 알 것이다.

당신이 미래에 대한 비전으로 단순하면서도 아름답고 의미 있는 꿈을 꾼다면 이 비전을 실현할 기회를 높일 수 있다.

내 강의를 들은 한 수강생은 어린 소녀였을 때 늘 삼촌 이야기에 흠뻑 빠졌었다. 삼촌은 먼 나라에서 의사로서 일하면서 겪은 일들을 재미있게 얘기해주었다. 물론 이야기는 긴장감 넘치는 모험에 이국적인 재미를 더했다. 이 여성은 열 살도 되기 전에 먼 이국에서 의사로 살아가는 멋진 꿈을 꾸기 시작했다. 점점 자라면서 이 일이 화려함과는 동떨어진 대신 비참함과 개인적인 희생이 많이 따르는 일이라는 게 분명해졌다. 그러나 그 꿈이 얼마나 강렬했던지 그녀는 진짜 의대에 진학해 오늘날 외국에서 환자를 돌보고 있다. 작업 조건이 열악하지만 자신의 비전과 가깝게 느껴지는 순간을 늘 경험하는 것이다.

명예가 따르는 일은 무조건 맡아라

직업적 맥락에서는 당신의 목표지향성을 가시적으로 만들 필요가 있다. 이는 면접에서든, 사적 대화에서든, 임금협상에서든 마찬가지다.
"겸손은 미덕이지만 겸손을 버려야 성공할 수 있다."
이미 빌헬름 부쉬가 언급한 말이다. 이는 적어도 직업적인 맥락에서는 맞는 말이다. 당신이 야심이 있고 책임을 감수할 태세가 되어 있음을 분명히 해두면 사람들은 당신을 다르게 볼 것이다. 사람들이 당신에게 더 많은 걸 요구하겠지만 그것도 당신이 원한 것이다. 당신이 조용한 방에서 훌륭히 일하면 아무런 위험이 뒤따르지 않겠지만 그럴 경우 아무도 당신의 승진을 고려하지 않는다.

책임을 감수할 태세가 되어 있음을 일찌감치, 언제나 분명히 밝혀라!

여성은 명예욕은 없지만 해결해야 할 과제를 떠안으려는 경향이 남성에 비해 훨씬 강하다. 반대로 남성은 명예를 세워주는 일에는 타고난 본능이 있지만 다른 과제는 피하려는 경향이 강하다. 이 문제와 관련해서 마거릿 대처가 이런 말을 했다고 한다.
"뭔가 해결되길 바란다면 여성에게 말하라. 뭔가 언급되길 바란다면 남성에게 말하라."
상사가 중요하지만 성가시고 별로 능력도 발휘하지 못할 과제를 일임하려고 할 때 당신에게 그 일이 주어지지 않게 가만히 있으라. 상사가 절망하더라도 동요하면 안 된다. 사정이 여의치 않으면 적어도 과제를 나눠야 한다고 주장하라. 이것도 가능하지 않을 경우 급하고 중요한 다른 과제를 핑계로 어떻게든 이 일을 거부해야 한다.
이런 요령을 배우고 싶으면 남성 동료들을 주시하라. 명예가 따르지 않는 과제를 피하기 위해 긴급하고 중요한 일을 날조해내는 챔피언은 단연 남성이다.
슈뢰더가 지난번에 이런 일을 떠맡았다면 공정을 기하기 위해 다음에는 당신이 맡을 수 있다. 그러나 처음부터 이렇게 말하지는 마라.

"좋아요. 내가 할게요. 하지만 다음번에는 다른 사람에게 시키세요."

이런 식의 태도는 당신의 약점으로 인식되어 앞으로는 이런 과제가 늘 당신 차지가 될 공산이 크다. 핑계거리를 찾기 위해 엄청난 판타지는 필요 없다. 얼른 조커를 슬쩍 언급할 수 있는 정도면 된다.

이와는 반대로 명예를 세워주는 과제라면 무조건 떠맡아야 한다. 당신 책상에 일거리가 산더미처럼 쌓여 있더라도 말이다. 예를 들어 당신의 전문분야에서 중요한 사람들이 대거 참석하는 대규모 회의에서 발표할 경우 당신은 단숨에 명성을 얻게 될 것이다. 발표를 훌륭히 해낸다고 할 경우, 이는 수년 동안 비밀리에 훌륭한 업적을 달성하는 것보다 앞으로의 발전에 훨씬 더 중요할 수 있다. 퀸도 바로 이런 과제를 위해 존재한다! 시시한 일에는 졸이 있지 않은가.

권력 게임에서는 부지런함을 인정하지 않는다는 사실을 이해하는 게 중요하다. 부지런을 떠는 건 늘 여성이다. 학교에서부터 성적이 좋은 남자아이들은 '영리하고 똑똑하다'고 평가받는 반면, 성적이 똑같은 여자아이들은 '단정하고 부지런하다'고 평가받는다. 남자들은 아이든 어른이든 부지런하다고 평가받지 않는다. 남자들은 준비태세가 잘 되어 있다거나 열심히 일한다고 평가받는다. 이것도 이미 권력자를 위한 형용사다. 다음의 뉘앙스에 유의하라.

명예가 따르는 과제는 받아들이고,
부지런을 떨어야 하는 과제는 피하라!

체스 퀸으로서 당신의 지위에는 과제를 위임하는 것도 포함된다. 결국 체스판에는 당신과 함께 다른 말들도 있지 않은가. 오래 버티고 싶으면 중요한 임무를 실행하기 위해 과제를 위임해야 한다. 이때 자주 목격되는 현상은 지도부에 있는 여성들의 경우, 동료가 위임받은 과제를 반납하려고 시도하면 그 과제까지 떠안게 될 위험이 있다.

조심하라. 함정이다! 한때 내 상사로 있던 분이 이를 명확히 각인시켜주었다.

"해결해야 할 과제는 어깨 위에 올라탄 원숭이와 같다. 사람들은 어깨에 올라탄 원숭이를 내려놓고 싶어 한다. 거의 모든 동료가 어깨에 원숭이를 태운 채 출근해서 원숭이를 사무실에 내려놓길 원한다. 내가 할 일은 동료들이 원숭이를 다시 데려가게 하는 것이다. 더군다나 내 원숭이까지 그들의 어깨에 실어서 말이다!"

이 원숭이를 조심하라. 동료들이 자신에게 일임된 과제를 당신에게 반납할 생각을 전혀 하지 못하도록 신경 써라. 자기 일을 당신에게 떠넘기려고 왔던 사람이 배나 더 많은 일을 떠안은 채 당신 사무실에서 나간다면 다음번에는 혼자 해낼 생각을 진지하게 고려할 것이다.

일임한 일이 다시 돌아오지 않게 하라.
기초공사를 단단히 하라!

봉급... 당신의 가치를 매기는 기준

여성은 왜 아직도 남성보다 훨씬 적게 버는가? 독일 연방 통계청에 따르면 2006년 한 해 동안 여성의 수입은 남성에 비해 20퍼센트나 적었다고 한다. '몬스터 월드와이드' 조사에 따르면 위계수준이 더 높게 관찰될수록 봉급의 차이는 더 컸다고 한다. 〈한델스블라트〉의 2007년 1월호 기사에 이런 내용이 있다.

"여성에게 봉급을 적게 주는 게 이익이다."

에어랑엔 학자들의 연구조사 결과 여성보다는 남성이 봉급에 만족하지 않을 때 회사를 그만둘 확률이 높다고 한다. 따라서 불평등한 봉급은 차별이 아니라 경제학적으로 의미가 있으며 최대한의 이익을 위한 것이다.

그렇다고 이대로 지속되어서는 안 된다! 당신은 임금 협상에서 자의식을 가져야 한다. 당신이 봉급을 더 많이 받아야 한다고 생각하면 협상 전에 이 문제를 꺼내라. 그래야만 당신 상사가 이 문제를 고려하고 필요한 경우 예산을 올릴 시간적 여유를 가질 수 있다. 일단 예산이 확정되고 나면 일이 훨씬 더 어려워진다. 또 기억해야 할 사실이 있다. 상사도 역시 인간이다. 당신이 봉급에 아주 만족한다는 인상을 주는 반면, 슈뢰더는 봉급 인상을 원한다고 두 번씩이나 아주 명백하게 밝힐 경우 제한된 예산에서 누구의 봉급을 올려주겠는가?

봉급 구조 안에서 당신의 위치를 파악하려고 노력하라. 기업에서는 대부분 봉급을 말하는 게 금기시되지만 몇 가지 정보는 있게 마련이다. 인터넷이나 경제지에서도 도움을 받을 수 있다. 봉급을 더 올려야 하는 이유를 자의식을 갖고 객관적으로 주장하라. 특별 수당, 연금, 관용차, 주택 보조금, 전화요금 대납 등 다른 돈벌이 방법도 있다는 걸 생각하라. 물론 이 모든 게 다 적용되지는 않겠지만.

경제학자 소냐 비소프는 자신의 연구에서 아주 침울한

사실을 알아냈다.

"기업 지도부에서 여성비율이 더 높을 경우 지도부의 봉급은 낮아진다. 이 경우 남성들의 봉급도 마찬가지다."

이 사실에서 소냐 비소프는 이런 결론을 이끌어냈다.

"남성들은 여성 동료의 수가 가능한 한 많지 않도록 조심해야 한다! 주로 여성 동료와 일하는 남성의 경우, 주로 남성 동료와 일하는 남성보다 봉급이 더 적은 경향이 있으며, 여성과 남성 동료의 수가 비슷한 경우보다도 더 적다."

이런 현실을 변화시킬 기회가 왔다. 자, 시작해보자!

당신의 봉급을 제때에 자의식을 갖고 협상하라!

팀원 수가 적을 경우 일하기 어렵다는 사실에 주의하라. 팀원 수는 중요한 권력요인이며 당신 봉급에 영향을 미친다. 팀원이 많을수록 봉급이 높다는 규칙이 있다. 남자 사장들이 이 규칙에 따르기 대문에 부서들이 시간이 지날수록 팀원을 과도하게 늘리는 경향이 있다. 그 결과 기업 컨설팅 회사들은 보수를 높게 받으면서 이를 시정하는 일로 돈을 번다.

여성이 남성보다 보수를 적게 받는 걸 당연하게 여기는 인식이 사회 전반에 깊이 뿌리박혀 있다. 여성들은 서로 좀더 싼 가격으로 일해주거나 심지어 공짜로 일해줄 것으로 기대된다. 이런 특이한 현상은 여성의 노동이 평가는 받지만 가치를 전혀 인정받을 수 없는 세계관에 기인한다. 이런 식의 요구는 성과 위주의 시장 기준을 지향해야 하는 보상 문제에서 장애가 된다. 또 이 시장 기준은 주로 남성들이 결정한다. 모든 여성은 이 기준에 따라 점수가 매겨진다. 따라서 여성은 적당한 보수를 받거나 자신이 원하는 프로젝트를 위해 공짜로 일을 해주게 된다.

다른 사람의 권리를 위해서는 사자처럼 맹렬히 싸우는 여성이 많다. 그러나 정작 자기 문제에서는 그렇게 하기 힘들다.

'친절하고 겸손하게 굴어라. 그럼 모든 사람이 널 좋아할 것이다.'

문집 같은데서 흔히 볼 수 있는 문구다. 남자아이들이

만든 문집에는 어떤 친척도 인생을 살아갈 좌우명으로 이런 덕담을 적어넣지 않는다. 이런 좌우명은 삶을 힘들게만 할 뿐이기 때문이다. 이는 여자아이에게도 마찬가지다. 이런 종류의 충고는 여자아이에게 겸손해야 칭찬받는다는 기대감을 갖게 한다. 그러나 직업에 종사하는 여성은 다르다! 그러므로 당신의 관심분야에서는 게임의 퀸처럼 당당하게 나서라. 당신을 위해 대신 그렇게 해줄 사람은 아무도 없다.

또 좋은 기회가 생기면 크게 한 번 내디뎌라! 이 말을 명심하라. 당신에게 좋은 일자리가 제공되거든 이 일을 할 능력이 충분한지 따지지 마라! 절대로 새로운 과제나 새 위계수준이 요구하는 걸 모두 해낼 수는 없다. 책임이 막중한 이 일을 맡을 능력이 충분한지 당신이 고민하는 사이, 슈뢰더는 벌써 얼굴을 빛내며 그 일을 맡겠다고 자처한다. 어떤 결정을 내릴 때는 때로 이런 질문이 도움이 되기도 한다.

"동료 가운데 누가 나보다 이 일을 더 잘할 수 있단 말인가?"

좋은 기회는 주저하지 말고 잡아라!

새 지위에 필요한 능력을 모두 갖추기는 어렵다.

당신이 최근에 이런 일을 겪어서 도무지 어떻게 해야 할지 몰라 밤마다 소파에 앉아 절망적으로 울부짖었다면 이제 이런 단계도 끝났다! 〈니모를 찾아서〉에 나오는 도리는 이를 아주 멋지게 표현했다.

"그냥 헤엄쳐 가. 그냥 헤엄치는 거야. 그냥 헤엄치고, 또 헤엄치고, 헤엄치는 거야…."

그러다보면 언젠가 다시 육지가 보일 것이다. 내가 아는 여성 가운데 책임이 막중한 자리에 있는 사람치고 소파에 앉아 울부짖어보지 않은 이가 없다. 회사에서 울부짖지 않는 게 중요할 뿐이다.

교제…술과 스포츠로 시작한다

여성들은 교제가 저절로 이루어진다고 생각할지도 모르겠다. 그러나 이는 큰 착각이다! 여성들은 지인은 많지만 사업적으로 호의를 요청하는 데는 서투른 경우가 많다. 여성들은 대개 게임을 결정하는 게 퀸 혼자가 아니라 게임 판의 상태라는 사실을 고려하지 않는다. 게임 판에서 큰 효과를 보려면 늘 다른 말과 연계해야 한다. 효율적으로 일하고 싶으면 동맹을 형성해야 한다! 이는 많은 남성이 아주 능숙하게 해내는 기술이다. 남성은 사업 관계를 관리하고 자신의 목적을 위해 이를 배치하는 데 시간을 많이 보낸다.

이런 문제는 예술가들이 가장 잘 이해할지도 모르겠다. 예술가는 생존을 위해 수없이 많은 사람을 만나야 하기 때문이다. 앤디 워홀은 자신의 성공이 모두 파티를 좋아한 덕분이라고 말하기도 했다.

지인이 있을 때 문제를 해결하기가 더 쉽다는 건 모두 다 안다. 그런데도 여성은 자신을 위해 관계를 이용하는 걸 상당히 꺼리는 경향이 있다. 여성은 자신의 '업적'이 인정받기를 원한다. 그러나 여성들이여, 뛰어난 업적을 보여줄 기회는 그래도 필요한 법이다!

남성은 비공식적인 교제의 온갖 변종을 다양하게, 스스럼없이 이용한다. 사내 스포츠 동호회가 단지 신체적인 단련만을 위한 모임이라고 생각하는가? 모두 함께 운동하고, 땀 흘리고, 샤워한다. 그리고 마지막에는 함께 맥주도 한잔 한다. 나중에 부탁할 일이 생기면 늘 계단에서나 인사하던 사람보다는 운동을 함께한 사람이 훨씬 잘 들어줄 것이다. 바로 이런 이유 때문에 남성은 사내 스포츠 동아리에서 주로 맥주를 곁들인 구기 운동을 선택하는 반면 여성은 요가나 체조를 선호하며 운동이 끝나면 곧장 집으로 간다.

다른 사람이 당신의 업적이 아닌 당신의 인성에 열광하게 하려면 비공식적인 대화 상황을 이용하라.

왜 그렇게 많은 사람이 골프를 칠까? 골프는 신선한 공기를 마시며 즐기는 아주 건강한 운동이다. 그러나 많은 사람에게 골프는 '19번 홀'에서 느긋하게 사업적인 교제를 맺고 활용하기 좋은 기회다.

오래된 멋진 남성 클럽도 비슷한 경우다. 물론 위스키를 마시고 시가를 피우는 걸 진짜 좋아하는 남성도 있다. 그러나 이보다 더 중요한 것은 '수준이 비슷한 사람들'을 만나서 사업 이야기를 할 수 있다는 점이다.

다음 상황에서 여성과 남성의 반응이 얼마나 다른지 보라. 한 기업의 경영진이 장래의 경영 전략을 세우기 위해 회사 간부를 이틀 동안 워크숍에 초대했다. 장소는 호텔이다. 여성들은 이 워크숍과 관련해서 이틀 동안의 팀워크를 떠올린다. 몇몇은 저녁 내내 동료들과 함께 지내야 한다는 사실에 탄식한다.

첫째 날에는 모두 각자의 그룹에서 기업을 위한 아이디어 작업을 집중적으로 한다. 저녁 7시에 회의가 끝나면 모두 함께 저녁식사를 한 뒤 술집으로 향한다. 소그룹으로 나뉘어 술을 마시며 대화하다가 10시쯤 한 무리 여성 그룹이 먼저 자리를 뜨고 11시가 되면 나머지 여성 그룹도 자리를 뜬다. 남성은 모두 아직 자리를 지키고 있다.

둘째 날 아침에 여성은 상쾌하고 신선한 모습으로 아침 식탁에 나타난다. 그중 몇몇은 벌써 조깅까지 했다. 남자 동료들은 뒤늦게 모습을 드러내고 피곤한 기색이 역력하다. 몇몇은 아직도 술 냄새를 풍긴다. 회의가 시작되지만 피곤한 남성들이 의자에 축 늘어져 있는 동안 여성들은 적어도 한두 가지 좋은 아이디어를 내려고 애쓴다. 저녁에 귀가하면서 여성들은 남자 동료들의 프로답지 못한 태도에 분개한다.

여자들이 남자 동료들의 방자한 행동만 아니었어도 둘째 날 회의 결과가 훨씬 좋았을 거라고 생각하는 동안 남자들은 아주 만족스럽게 집으로 간다. 남자들은 새벽 4시까지 상사와 술을 마시면서 몇 가지 중요한 부탁을 해두었다. 남자들은 특정 규정이 자기 부서에 맞지 않으며, 프로젝트 XY가 회사를 위해 얼마나 중요한지 상사를 성공적으로 설득할 수 있었다. 남자들은 둘째 날 회의에 별로 관심이 없었는데, 자신에게 가장 중요한 문제는 이미 밤에 술집에서 해결했기 때문이다. 게다가 상사와 아주 즐겁게 보내면서 유대감도 형성했다.

술집에서 함께 술을 마시는 행위는 아주 특별한 사건이다. 여기서 주의할 것은 남성적 커뮤니케이션의 게임 규칙이다! 그렇다고 여자에게 새벽까지 술을 마시라고 충고하기는 힘들다. 왜냐하면 게임의 퀸이 술에 취해 의자에서 떨어진다면 당연히 좋은 인상을 줄 수 없기 때문이다. 그러나 예정된 행사가 끝난 뒤 저녁 시간의 대화는 가끔 행사 자체보다 더 중요할 때가 있다. 그래서 회의가 중요하다! 강연보다는 함께 어울리고 친교를 맺고 관리하는 게 더 중요하다.

따라서 숙박이 포함된 세미나 일정이 잡혔을 경우, 첫째 날 일정을 저녁 7시에 끝낼 생각은 아예 하지도 마라. 술을 별로 좋아하지 않더라도 밤 행사에 참석하라. 손에 물잔을 들고도 대화에 참여할 수 있다. 아니면 남들 두 잔 마실 때 한 잔만

마셔도 된다. 모두 이해해 줄 것이다. 종업원에게 알코올이 없는 음료수를 달라고 몰래 얘기해놓는 여자도 있다.

- 개인적인 관계를 형성하려면 일이 끝난 뒤 사교 모임을 이용하라.
- 친분 관계가 단순한 업적보다 더 중요할 때가 있다.

좋은 기회라고 생각될 때 비즈니스 주제를 털어놓으라. 반드시 길고 철저한 토론이 될 필요는 없다. 상대방에게 좋은 인상을 남기기 위해서는 때로 지나가듯 던지는 한마디 말로도 충분하다.

그러나 지루함만큼은 피하라. 좋은 학벌과 나무랄 데 없는 태도도 필요하지만 유쾌한 대화 또한 중요하다. 따라서 비즈니스 식사에 참여하게 되면 손님이 즐겁게 식사할 수 있게 하라. 물 한 잔도 청량음료라고 생각하고 마셔라. 옛 상사가 식사 전에 이렇게 말한 적이 있다.

"대화를 위해 뭘 해도 상관없습니다. 하지만 어쨌든 뭔가 하십시오!"

　　게임의 퀸이 저녁 내내 물 잔을 앞에 놓고 말없이 웅크리고 앉아 있는 건 상상하기 힘들다.

　　당신 동료들이 한잔 하러 가면서 당신에게도 같이 가겠냐고 묻는 걸 항상 '잊어버리는' 경우라면 당신이 먼저 동료들에게 다가가라. 동료들을 초대해서 함께 어울려라. 일단 분위기가 좀 이상하고 이런저런 음담패설로 당신을 떠보는 것 같더라도 그대로 자리를 지키면서 음란한 농담마다 마음을 쓰지 않으려고 노력하라.

　　남자들은 어느 시점부터 스스럼없이 성적인 농담을 하는 경향을 보인다. 당신이 분노하거나 당황하면 일반적으로 괴팍하고 경직된 사람으로 취급한다. 그렇다고 이런 걱정 때문에 일부러 웃을 필요는 없다. 그럼 조롱거리의 표적만 될 뿐이다. 일부 여자들은 거친 농담으로 응수하기도 하지만 누구나 그렇게 할 수는 없다. 이 경우에도 가장 간단한 방법은 퀸의 역할을 받아들여 자애롭지만 약간 교만하게 농담을 흘려들으면 된다. 그러고는 몸짓과 자세로 당신이 이런 유의 유머를 어떻게 받아들이는지 조용하지만 분명하게 보여주라. 그럼 이런 농담은 대개 중단되게 마련이다. 당신이 긴장을 풀고 지나치게 경직되지 않으면 곧 당연한 듯 그룹에 끼게 되며, 이런 식으로 중요한 정보를 얻거나 멋진 회의를 준비할 수 있게 된다.

이런 맥락에서 저녁 내내 축구나 자동차 이야기를 하는 상황에 거부감을 느끼는 여성들이 많다. 여성들은 보통 이런 주제에 밝지 않다. 그러나 당신이 한 번씩 짤막하게 전문지식을 내뱉는다면 아주 큰 점수를 따게 될 것이다.

중요한 결정은 지도층이 있는 자리에서

동맹은 자기 부서에서 아이디어나 프로젝트를 실행할 때도 중요한 의미를 갖는다. 이는 많은 부서가 관여할수록 더 중요해진다. 프로젝트를 승인해야 할 부서가 많아지면 대기업에서 동맹은 힘들게 마련이다. 쓸 만한 아이디어라 하더라도 꽤나 거센 반대 논쟁에 부딪히는 경우가 많다. 그 뒤에는 순수한 이해관계가 숨겨진 경우가 많다. 영업팀장이 자신에게 아무 이득도 없고 영광도 돌아오지 않을 마케팅 프로젝트에 왜 진지한 관심을 보이겠는가?

하버드 콘셉트의 〈은원 원칙〉도 일반적으로는 '그래서 내가 얻는 게 뭐란 말인가?'로 쉽게 전락한다. 따라서 이해하기 힘든 저항이나 행동방식에 부딪히게 되면 상대방의 동기를 알아차리려고 노력해야 한다. 상대탕이 봉쇄 조처에서 어떤 이득을 기대할지 잘 생각해보라. 상대방의 목적을 알게 되면 상대를 논쟁에 더 잘 끌어들일 수 있다. 상대방에게 이득이 돌아가도록 프로젝트를 만들 수도 있다. 아니면 상대방에게 압력을 행사할 수 있는 약점을 찾아낼 수도 있다. 당신에게 아주 중요한 결정을 내려야 하는 회의에서는 잘 준비해두었는지, 필요한 과반수를 확보했는지가 무엇보다 중요하다. 물론 예외 없는 규칙은 없지만 말이다. 과반수 찬성이 없더라도 당신의 아이디어가 이전의 거부나 무관심에도 가산점을 얻을 수 있도록 얼마든지 자신 있게 토론할 수 있다. 확실하게 과반수를 설득할 수도 있고, 다른 사람이 갑자기 강한 논쟁을 들고 나와서 당신이 질 수도 있다.

중요한 것은 적임자들이 회의 탁자에 모였는가 하는 것이다. 하위 수준이나 중간급 관리자 수준에서 회의가 자주 열리고 여기서 대충 결정한다. 그러면 다음과 같은 일이 벌어진다. 결정권자들이 모여 'A'를 결정한다. 그러나 이 회의에 참석하지 않았던 비공식적인 지도자는 이 결정이 마음에 들지 않는다. 그 대신 결정 'B'를 선호한다. 그래서 상사나 한두 동료에게 전화로 이 문제를 토의하고 나면 결정 'A'는 'B'로 변한다. 회의도 없이 말이다.

이런 일이 한두 번으로 끝나지 않을 경우, 이 비공식적인 지도자의 직위를 지속적으로 약화시키든가 아니면 앞으로는 처음부터 그 지도자가 참석한 자리에서 결정을 내릴 수밖에 없다. 이때는 '이길 수 없다면 품에 안으라'는 오랜 규칙을 따라야 한다.

중요한 결정은 처음부터 지도층이 있는 자리에서 처리해야 한다. 당신 직위의 강력한 적수를 논쟁에 끌어들여야 한다.

'그래서 내가 얻는 게 뭐란 말인가?' 하는 생각은 유혹적인 재산 증식 차원뿐 아니라 서열에서도 인정받고자 하는 차원을 내포한다. 호의는 이 두 가지 차원을 모두 해결해준다.

여성적인 매력으로 협상을 유리하게

지금까지는 인상에만 신경 썼다면 이제부터는 당신의 여성적 매력을 공격적으로 발산하려고 노력하라. 여성적 매력이 성공을 위해 아주 훌륭한 작용을 하는 상황이 있다. 바로 협상이다. 가장 성공적인 포커 선수 애니 듀크가 이 점을 지적했다.

"남자들과 포커 게임을 하면서 당신이 큰 즐거움을 누린 것처럼 보여라. 남자들이 원한 건 당신 돈이 아니다. 남자들은 당신과 밀회를 원한다."

진짜 훌륭한 협상은 늘 약간의 희롱과 관련되어 있다. 이런 맥락에서 모든 수단에는 효과가 있다. 여성 협상 전문가들은 처음부터 협상 상대방을 위해 어떤 의상, 메이크업, 헤어스타일을 해야 할지 아주 세심하게 고민한다. 이때 중요한 것은 무엇보다 당당하게 나서라는 권고다. 당신이 조금 수줍어하면 아무도 당신한테서 요부 같은 인상을 받지 못할 것이다.

따라서 협상에서는 조용히 수줍은 이미지를 꾸며라. 이는 많은 사람에게 신뢰감을 주고 보호본능을 일깨운다. 천진난만하게 눈을 깜빡이면서 상대방이 당신을 엄청 과소평가하게 조용히 내버려두라. 그럼 더 쉽게 협상 목표에 도달하거나 심지어 목표를 넘어설 수도 있다.

당신이 요부타입이라면 틀림없이 당신 매력을 아주 성공적으로 발산할 수 있다. 외모에서부터 이미 협상 상대방은 기회가 없다는 걸 깨달을 것이다. 영업 부서들이 외근인력을 여성으로 채우는 경향이 괜히 많아지는 게 아니다. 성공이 그냥 보장되기 때문이다.

당신이 동료인지 요부인지는 중요하지 않다. 협상에서 중요한 것은 오직 성공을 거두느냐 하는 것이다. 이때 당신이 철저하게 여성적으로 군다면 목적을 이룰 수 있다. 협상 결과를 가방에 넣고 회사로 돌아오면 다시 서열을 조심해야 한다! 금방 다시 퀸으로 돌아가 포커페이스로 협상 결과를 설명해야 한다. 그렇지 않으면 협상에서 성공으로 이끌었던 바로 그 눈을 깜빡이는 행위가 자살골이 될 수도 있다. 사람들이 이런 당신을 진지하게 받아들이지 않을 수도 있기 때문이다.

예를 들어 협상처럼 서열 싸움 밖에서는 당신의 여성적 매력으로 점수를 딸 수도 있다.

이는 마이케 렌쉬베르그너가 어느 책에서 썼던 '우쉬 원칙'에도 마찬가지로 적용된다. 우쉬 원칙은 직장에서 적용하면 안 되기 때문에 직장 밖을 예로 들어 설명하였다.

예를 들어 관공서에 들어가면 일부러 아이큐를 확 낮추고 천진난만한 표정으로 약간 멍청한 눈길을 하는 게 좋다. 실무 담당관을 만나면 순진한 질문으로 대화를 이끌면서 계속 도움을 청하라. 가장 좋은 것은 필요한 서류를 모두 상대방이 작성하게 하는 것이다. 이런 방식으로 당신은 시간을 절약하고 긴장감을 줄일 수 있다. 완벽하게 작성된 서류는 물론이고 실무 담당관의 꼼꼼한 개인적 보살핌을 받았다는 인식을 하면서 건물을 나서면 다시 두뇌를 작동시켜라. 그리고 이런 방법으로 얼마나 많은 시간과 돈을 절약했는지 잠깐 계산해보라.

이런 경우에는 누가 당신을 과소평가해도 상관없다. 중요한 것은 결과물이다. 따라서 '우쉬 원칙'은 관공서에 출입하는 사람에게는 아주 유용하다. 주유소 같은 곳에 가면 이 원칙을 성공적으로 적용하는 여성들을 자주 볼 수 있다.

결과물이 중요할 뿐, 서열이 중요하지 않을 때도 우쉬 원칙이 성공을 거둘 수 있다.

평가...능력과 성취력으로 존중받아라

여성들은 대부분 사랑받지 못하는 걸 최고의 형벌로 생각한다. 모두에게 사랑받겠다는 일념으로 모든 사람을 만족시키려 들지만 결국 그게 잘 되지 않는 여성 지도자들 이야기가 심심찮게 들린다. 남자들은 직장에서 이런 문제로 어려움을 겪는 경우가 거의 없다. 이 또한 서로 다양한 욕구와 이와 연결된 커뮤니케이션 형태에서 기인한다.

그러나 퀸은 직장에서 우선 자신의 직책을 정당하게 평가받아야 한다! 여기에는 불쾌한 결정으로 때때로 사랑받지 못하거나 아니면 불쾌한 회의로 동료나 상사의 감정을 상하게 하는 것도 포함될 수 있다. 여성들은 대부분 어릴 때 씩씩하고, 순종적이고, 부지런하면 칭찬을 받았다. 그러나 근면함을 제외하면 이런 행동방식은 직장에서는 도움이 되지 않는다. 차라리 이미 언급했듯이 '회사를 위해 전력을 다하는 것'이 더 좋다.

당신의 직업 환경에서 사람들이 당신에 대해 어떤 인상을 가질지 조용히 생각해봐야 하지만 게임의 여왕으로서 퀸에 대한 이미지도 결코 무시하면 안 된다. 당신에 대한 인상에 '아주 친절하다'와 '잘 돕는다' 같은 묘사가 어울리는가? 아니기를 바란다. 앙겔라 메르켈을 '아주 친절하다'와 '잘 돕는다'는 특징으로 설명한다는 게 상상되는가? 한 국가의 수상으로서 그런 여성을 원하는가? 능력과 성취력이야말로 수상에게 바라는 특성이다.

필요하면 이에 따라 행동을 변화시키고 '게임'에서 새로운 위치를 부여해야 한다. 그러면 이미지 변신이 생각보다 훨씬 쉽다는 걸 알게 될 것이다. 당신을 둘러싼 사람들은 금방 당신의 변화된 행동에 반응을 보일 것이다. 당신은 목적에 더 쉽게 도달할 수 있을지 없을지 곧 알게 될 것이다. 당신의 새로운 스타일 덕분에 당신 주변이 사태의 추이와 문제를 정확히 파악하는 데 기여했다면 당신은 사랑받지는 못해도 상사로서 인정받고 평가받을 수는 있을 것이다.

직장에서는 사랑받는 게 중요한 것이 아니라 존중받는 게 중요하다.

지시... 간단하고 명료하고 친절하게 하라

당신이 원하는 걸 분명히 밝혀라. 그것도 아주 자명하고, 친절하게 직접적으로 밝혀라. 여성은 거부를 모면하기 위해 암시하듯 말하거나 간접적으로 표현하는 경향이 있다. 이를 통해 여성은 커뮤니케이션 파트너의 각각의 반응에 적응할 기회를 얻는다. 여성끼리는 서로 간접적인 설명으로 메시지를 이해하지만 남성은 대개 그렇지 않다. 전형적인 여성 커뮤니케이션으로 다음과 같은 예를 들 수 있다.

"그래야 한다", "그런지 고려해볼 수도 있다", "누군가는 해야 한다."

스위스 커뮤니케이션 학자 프리데만 슐츠의 설명처럼 여성은 다른 사람의 '호소의 귀'를 신뢰한다. 문제는 남성이 전적으로 '사실의 귀'와 분명한 지시에 반응한다는 데 있다.

남편과 거실에 앉아 있는 한 여자의 발언을 예로 들어 보자.

"나 추워."

남자가 이 말을 '사실의 귀'로 들으면 이렇게 들린다.

"아, 아내가 춥구나."

그러나 이 말을 '호소의 귀'로 들으면 이렇게 들린다.

"창문 좀 닫아 줘." 아니면 "겉옷 좀 갖다 줘."

이 말을 '자기 계시의 귀'로 들으면 이렇게 들릴 수도 있다.

"당신은 날 제대로 돌보지 않아."

이런 말을 했을 때 남자는 그냥 앉아 있고 그 때문에 여자가 화를 낼 확률이 높다. 만약 여자가 단순하게 이렇게 말한다면 어떨까.

"창문 좀 닫아줘요!"

이 말을 질문형이 아니라 진술형으로 할 경우 당사자 모두 한결 수월해질 것이다. 여자는 더는 춥지 않고 남자는 아내를 위해 호의를 베풀 수 있어 기쁠 것이다.

직장에서도 똑같이 작용한다. 예를 들어 동료가 작성한 서류를 훑어보다가 도식적 설명이 잘못된 걸 발견했을 때 이렇게 말하지 마라.

"이 내용을 도식적으로 다르게 설명할 수 있는지 다시 한 번 검토해볼 수 있겠지요."

남자에게 이렇게 말할 경우, 그 남자는 아무런 조처를 취하지 않을 수도 있다. 결국 당신은 다시 한 번 검토하라고 지시한 것도, 더 좋은 새로운 제안을 기대하겠다고 말한 것도 아니기 때문이다. 그러니 뭔가 조처를 취하길 원한다면 조용히 친절하게 이렇게 말하라.

"이 내용은 도식적으로 더 분명하게 설명해야 해요. 내일 저녁까지 새로 작업해 오세요."

이런 변화는 양쪽 모두에게 훨씬 만족스런 결과를 가져다준다. 동료는 자신이 해야 할 일을 알고 당신은 원하는 결과를 얻을 수 있기 때문이다. 당신이 야심이 있는 여성에게 '이 내용을 도식적으로 다르게 설명할 수 있는지 다시 한 번 검토해볼 수 있겠지요'라고 한다면 이 여성은 적어도 세 가지 새로운 대안을 내놓을 것이다.

이렇게 여성에게는 간접적인 화법이 대개 문제가 되지 않는다. 그래도 언제, 어떻게, 누가 할 일인지 늘 분명하게 설명하는 데 익숙해져야 한다. 언제나 친절하지만 분명한 지시 형태로 하라. 이때 목소리는 낮게 깔고 고개는 조용히 들되 웃지 마라! 당신의 지시사항이 이해되었다는 확신이 들면 그때 웃어도 된다.

남녀 기자들이 정치가에게 질문하는 모습을 자세히 살펴보라. 예를 들어보자. 몇 마디 하고 나서 다음과 같은 질문이 뒤따른다.

"달라진 조건으로 정책에 어떤 변화가 오겠습니까?"

눈을 감고 이 목소리가 어떻게 들릴지, 특히 목소리 멜로디를 상상해보라. 이 말은 질문처럼 들리는 게 아니라 발언처럼 들린다! 이 문장은 아주 침착하게 발언되고 목소리는 뒤로 가면서 내려간다. 이는 능력을 말해준다. 기자들의 전형적인 질문 스타일이다.

머릿속으로 이 질문을 물음표 대신 느낌표로 바꾼 뒤 다양한 문장으로 목소리를 연습해보라. 예를 들면 이렇다.

"수요일까지 서류를 작성하시겠어요!"

"영업부는 회의에 참석하지 않을 거지요!"

목소리를 올리지 않고 내릴 때 친절한 태도로 고개를 가만히 두는 걸 힘들어 하는 여성들이 많다. 처음 연습할 때는 공격적인 목소리로 해도 된다. 그러나 침착하고 태연하게 실행하는 것이 중요하다. 자녀가 있으면 자녀를 상대로 목소리 연습을 해보라. 자녀 또한 원하는 결과로 반응하게 될 것이다.

지시사항을 간단히, 명료하게, 친절하게 나타내라.

그러면서 목소리는 끝을 내려라!

여성적 강점...성공의 기반이 된다

퀸의 강점은 본래 갖고 있는 능력이다. 경청하는 능력, 맥락을 이해하고 설정하는 능력, 명예욕과 일에 대한 욕심, 뛰어난 성과 목표, 과정 지향적인 팀 리더, 동료들에게 결정 재량권 부여와 적극적인 자기계발 장려를 통한 동기 부여, 특별한 언어적 재능 등이 그것이다. 여성은 대개 계산도 아주 잘한다. 게다가 여성은 여러 가지 일을 동시에 진행할 수도 있다. 고객은 여성과 함께할 때 대부분 편안함을 느끼는데, 여성이 고객의 말을 더 잘 경청하고 고객의 욕구를 더 정확히 파악하는 데다 협력을 동반자적이고 장기적인 안목으로 보기 때문이다.

여기서 다시 느끼는 바가 있어야 한다! 왜냐하면 이런 능력은 언제나 당신 성공에 기반이 되기 때문이다. 비록 남성들이 알아주지는 않더라도 이런 능력을 직장에서 의식적으로 이용해야 한다. '독일 컨설팅 그룹'이 2005년에 실시한 연구를 보면 설문에 참여한 남성 지도자의 94퍼센트가 최고경영층에서 '여성적 재능'이 결코 부가가치가 아니라고 대답했다. 중요한 특성은 '남성적 재능'이라는 건데, 이는 남성들의 착각이다. 이를 증명하기 위해서라도 많은 여성이 기업의 정상에 서야 한다.

남성에 맞춰 이루어진 일반적인 지도력 훈련코스로 착각을 일으키지 않게 조심하라. 이런 훈련코스에서는 남성들이 예를 들어 '적극적인 청취'에 어려움이 있다고 교육한다. 여성들은 대부분 트레이너보다 청취 능력이 더 뛰어나다. 앞으로도 남자 트레이너가 감정이입을 더 많이 요구하면 주의하라. 남성들이 이 맥락에서 하는 이야기는 남성 본인에게 낯선 감정이입에 대한 것이다. 당신이 남성 동료보다 감정이입을 훨씬 더 잘 발휘하기 때문에 이런 요구를 당신에게 적용할 필요가 없다.

그러나 다른 사람의 말에 끼어들지 않고 상대방이 말

을 마치게 하는 교육은 아주 중요하다. 이미 언급했듯 여성들은 대부분 정반대 문제를 안고 있다. 여성은 누가 자기 말에 끼어들면 공손하게 방해자의 말에 귀를 기울인다. 그러니 조심하라!

남자 상사가 당신을 인식하지 못하고, 성공에 크게 기여하리라는 걸 알아주지 못한다는 생각으로 늘 자신의 강점을 발휘하라. 그렇게 할 경우 이제 게임의 퀸으로서 목표한 성공을 가시적으로 만들어 보상받는 방법을 알게 될 것이다. 경우에 따라서는 상사에게 남성적 커뮤니케이션 수단을 투입해 기업 성공이라는 관점에서도 당신의 '부드러운' 여성적 강점이 필요하다는 사실을 분명하게 인식시켜야 한다.

'독일 컨설팅 그룹'의 연구 결과는 한 가지를 분명히 보여준다. 남성적 시스템이 지배적이기 때문에 지도부에 있는 남성들조차 그 안에서 아주 편안함을 느끼고 이를 바꾸려는 동기를 조금도 느끼지 못하는 게 일반적이다.

따라서 여성 스스로 능동적이 되어야 한다. 허황된 걸 바라봤자 아무 소용없다. 점점 더 많은 분야에서 우수한 전문가와 지도자가 부족해지거나 이미 부족한 상태에 접어든 것이 도움이 된다. 점점 더 많은 기업이 여성의 잠재 능력을 얻기 위해 노력할 것이다.

● **당신의 여성적 강점을 신뢰하라!**
많은 남성이 아직 인식하거나 인정하지 못하더라도 당신은 당신과 회사의 성공을 위해 중요한 인물이다.

많은 여성이 지도부에 그냥 편입된다 해도 기업에는 아무런 변화가 없을 것이다. 기업의 인사과에는 이미 지나치게 많은 여성이 일하지만 이들은 일반적으로 전통적인 관념에 따라 지도부를 선발한다. 기업이 지도부에 여성을 더 많이 승진시키길 원한다면 리더십을 위한 선발 기준을 비판적으로 수정·보완해야 한다.

지도부의 성공을 위해 표면적으로는 어떤 기준이 중요한지, 또 자세히 들여다볼 경우 어떤 기준이 기업의 성공을 위해 정말 중요한지 검토해야 한다. 중요하고 장기적인 고객을 관리하기 위해서 '여성적 방법'이 늘 옳은 해결방법이 되거나 도움이 되는 건 아니지만 그래도 고객을 이기려고 나서는 것보다는 경우에 따라서 훨씬 유리할 수도 있다.

영향력 있는 멘토를 곁에 두어라

경험으로 볼 때 아직도 잘할 수 있을 것 같으면 당신은 승진을 위해 늘 멘토가 필요하다. 그러나 멘토링 프로그램에서 찾은 멘토가 아니라 확신과 열정을 지닌 멘토여야 한다. 이런 프로그램은 조직의 고위 간부직에 관한 정보를 얻는 데는 무척 도움이 된다. 그러나 때로는 지지를 받거나 자기 질문을 들어줄 대화 상대방을 갖고 싶을 때가 있다. 감사팀이 멘토링 프로그램에서 협의한 승진율을 달성하지 못했다고 계속 지적할 경우, 이런 프로그램이 간접적으로 유리하게 작용할 때도 있긴 하다.

당신이 진짜 승진하는 것은 보통 권력 있는 남성들(아니면 소수의 권력 있는 여성)에 의해서다. 이 경우 이들은 자신의 명성과 조직을 위해 당신의 업적을 평가하고, 나이차나 다른 요인이 자신에게 전혀 위험이 안 된다고 판단한다. 이런 멘토를 찾는 건 아주 소중하다. 한편으로는 경험 많고 성공을 거둔 멘토에게서 아주 많은 것을 배울 수 있고, 다른 한편으로는 이들의 말이 조직에서 아주 큰 비중을 차지하기 때문이다. 이들은 서열 꼭대기에 있기 때문에 이들의 의견이 다른 책임자의 결정에 영향을 많이 미친다. 영향력 있는 멘토를 통해 당신은 신속하고도 큰 발전을 이룰 수 있다.

이에 대한 전제조건으로는 당신도 멘토에게 이득이 되어야 한다는 것이다. 당신의 업적이 멘토의 지위를 발전시켜서 당신을 밀어주는 게 자신에게도 이익이 되어야 한다. 가끔은 '당신을 보니 내가 젊었을 때가 생각나는군요' 같은 식의 호의적인 느낌이 더해질 때도 있다. 이 경우에는 물론 젊은 남성이 유리하겠지만 '내 딸 같다'는 효과도 무시할 수 없다.

따라서 직장에서 (잠재적인) 멘토의 활용을 잊지 않으려고 늘 노력하라. 멘토링은 기업 안에서만 도움이 되는 게 아니라 어느 분야든 많은 사람이 의견을 구하는 '중요한 사람들'이다.

잠재적인 멘토를 얻기 위해서는 당신의 업적이 그에게 도움이 되는 게 중요하다.

내적 목소리... 이렇게 말해야 성공한다

다음 문장 가운데 '내적 목소리'로 익숙한 게 있는지 한번 살펴보라.

▶ 이건 완벽하지 않아, 더 잘해야 해.

▶ 스스로 앞에 나서는 건 적합하지 않아.

▶ 업적은 내 일이지 경쟁과는 상관없어.

▶ 경쟁에서는 공정하게 행동해야 해.

▶ 좋은 업적은 인정받고 보답받을 거야.

▶ 권력은 부정적인 거야.

▶ 내가 하는 말의 내용이 더 중요해.

▶ 상대방이 날 좋아하는지가 내겐 중요해.

▶ 다른 사람을 통제하는 건 그를 괴롭히는 거야.

▶ 상대방에게 내 의견을 분명히 말하는 건 그를 괴롭히는 거야.

▶ 일의 결과가 좋은 인맥을 갖는 것보다 더 중요해.

이 리스트에서 몇 가지가 '내적 목소리'로 익숙하다면 당신은 스스로 방해할 위험을 안고 있다.

이건 완벽하지 않아, 더 잘해야 해

오래된 이 경영 규칙을 유념하라. '105퍼센트를 목표로 해서 80퍼센트가 달성되면 충분하다!' 전체적인 성과가 중요하기 때문에 마지막 몇 퍼센트 때문에 발목 잡히는 경우는 별로 없다.

모든 걸 완벽하게 하려 든다면 다음과 같은 사태가 벌어질 수도 있다. 당신이 늦은 밤까지 프레젠테이션을 하기 위한 마지막 세부사항을 가다듬는 사이, 동료들은 벌써 만족스럽게 일을 마무리한 뒤 함께 술집에서 한잔 하고 있다. 다음 날 동료들이 결과물을 아주 자신감 넘치게 발표하는 반면, 당신은 수정·보완이 더 필요한 내용에 특히 집중해서 발표한다. 그 결과 당신의 상사나 고객은 동료들의 프레젠테이션은 썩 훌륭하다고 느끼지만 당신의 발표에서는 더 수정·보완해야 할 필요가 있는 부분에만 생각이 머문다. 프레젠테이션에서 당신은 95퍼센트를, 동료들은 90퍼센트만 해냈는데도 말이다.

여성은 자신의 업적을 아주 형편없다고 생각하는 경향이 있다. 프레젠테이션에서는 당신이 보기에 아직 부족한 부분이 아니라 좋다고 생각하는 부분에만 집중하라. 따라서 전문적 수준에서는 스스로 너무 비판적이 되지 말자. 그리고 게임의 퀸은 전체적인 작품이며 빠듯한 시간을 중요한 모든 분야에 투입해야 한다는 사실을 늘 명심하라. 중요한 분야에는 동료나 고객과 함께 외식하거나, 결과물을 어떻게 발표해야 할지 궁리하거나, 미장원에 예약하는 등 준비하는 과정도 포함된다.

이렇게 말하라.

완벽하지 않지만 아주 좋아! 이 정도로도 내 뜻을 충분히 표현할 수 있어.

스스로 앞에 나서는 건 적합하지 않아

앞에 나서는 게 적합하지 않을 수도 있다. 그러나 게임의 퀸은 원한다면 당연히 중심에 서야 한다. 당신이 인지되길 원한다면 다른 사람의 주목을 충분히 받도록 확실히 해야 한다. 당신이 어릴 때 여자는 조용하고, 겸손하고, 친절하고, 싹싹해야 한다고 교육받았다고 해서 성인 여자로도 그래야 한다는 뜻은 아니다. 그러므로 잘못된 겸손은 좋지 않다.

이렇게 말하라.

소속되기 위해서는 앞자리가 옳고 중요해. 나는 일부러 앞자리를 이용할 거야!

업적은 내 일이지 경쟁과는 상관없어

일도 중요하지만 '…보다 낫다'는 것도 중요하다. 당신 주변 사람들은 대부분 경쟁을 당연한 것으로 간주하며 이를 즐겁게 생각하는 사람들도 많다! 당신이 '…보다 낫지' 않으면 자동으로 '…보다 못한' 사람이 된다. 그렇게 해서는 어떻게 서열에 들겠는가?

이렇게 말하라.

나는 기꺼이 다른 사람보다 좋고 나은 사람이고 싶어.

경쟁에서는 공정하게 행동해야 해

기본적으로 공정하게 게임하는 건 좋은 일이다. 그러나 당신이 페어플레이를 중요하고 옳다고 여긴다고 해서 모든 사람이 당신의 의견에 동감해 공정하게 게임하는 건 아니다. 상대방이 무례하게 반칙하는 일이 있을 것이다. 이런 일이 벌어지면 신속하고 분명하게 한계를 보여주기 위해 당장 반격할 수 있어야 한다. 필요하다면 제대로 본보기를 보여주어 사람들이 당신을 존중하게 해야 한다.

이렇게 말하라.

누가 내게 반칙하면 다시 공정하게 게임할 수 있게 더 센 반칙으로 갚아줘야 해.

좋은 업적은 인정받고 보답받을 거야

당신이 생각하는 업적이 성취력과 훌륭한 인맥을 말한다면 이 말도 맞다. 그러나 일에 관한 업적을 말하는 거라면 틀린 말이다. 업적을 인정받기 위해서는 일반적으로 필요한 광고를 스스로 하고 인정해달라고 강력히 요구해야 한다. 이런 말이 있다.

"좋은 일을 하고 그것을 떠벌려라!"

이런 맥락에서 당신의 업적이 보수를 받고 상응하는 사례를 받길 원한다면 한 번씩 자신의 PR 매니저 역할을 해보라는 충고가 도움이 된다. 이렇게 하는 것은 일을 맡는 것만큼이나 중요하다. 동료의 업적에 한 번씩 비판적인 눈길을 던지는 것도 도움이 된다.

이렇게 말하라.

나는 나를 중요하게 여기고 훌륭한 내 업적도 인정받고 보답받게 신경 쓸 거야.

권력은 부정적인 거야

이런 신념으로는 출세하기가 거의 불가능하다. 당신이 누군가의 상사가 되면 직책에 따라 권력을 갖게 되기 때문이다. 이는 피할 수 없다. 차라리 앞으로 당신의 권력으로 무엇을 움직일 수 있을지에 집중하라!

이렇게 말하라.

권력을 갖는다는 건 멋진 일이야!

난 권력으로 많은 걸 이룰 수 있어.

내가 하는 말의 내용이 더 중요해

그 반대가 옳다. 내가 어떻게 말하고, 그 말을 누구에게 하는지가 더 중요하다. 따라서 내 몸이 상대방에게 어떤 신호를 보내느냐가 결정적이다. 자신감에 넘치지만 낮은 목소리로 말하고, 가능한 한 상황(프레젠테이션, 대화, 잡담 등)에 맞게 대화하는 것이 도움이 된다. 구체적인 상황에서는 경우에 따라 고위 간부직과 자주적으로 대화할 수도 있어야 한다. 이 경우에는 합리적인 내용이어야 한다는 것이 전제조건이 될 수 있다.

이렇게 말하라.

내가 어떻게 말하고, 또 그 말을 누구에게 하는지가 중요해.

상대방이 날 좋아하는지가 내겐 중요해

여성이 빠지는 커다란 함정 가운데 하나다. 상대방이 당신을 기본적으로 좋아한다면 좋겠지만 그게 늘 중요할 필요는 없다! 여자아이들은 어릴 때부터 무엇보다 사랑을 받고 칭찬을 받고 격려를 받아왔다. 그러나 직장생활에서는 존경을 받는 게 더 중요하다. 당신은 상대방의 마음에 들지 않는 이런저런 결정을 내려야 하는 경우를 피하기 어렵다.

이렇게 말하라.

내게는 존경받는 게 중요해.

다른 사람을 통제하는 건 그를 괴롭히는 거야

여성에게는 실제로 이 말이 들어맞는 경우가 많다. 야심이 있는 여성을 통제할 때는 그 여성이 해낸 업적을 모두 보여줄 동기를 부여하는 게 중요하다. 일부 여성의 경우, 결과가 위태롭지 않는 한 절대 통제하지 말고 대신 늘 협의할 기회를 주는 게 가장 좋다. 이는 여성의 일 중심과 네트워크 커뮤니케이션 성향과 잘 맞아떨어져서 종종 뚜렷한 목표 달성으로 멋지게 나타난다.

여성들은 당신의 이런 지도 스타일에 감사하겠지만 남성들은 대개 그렇지 않다. 남성들은 통제하지 않는 상사를 쉽게 약하다고 판단하는 경향이 있다. 상사가 정보와 업무의 중간 상황을 점검하는 것은 서열을 이해하는 문제에 속한다. 이를 긍정적으로 생각하라. 통제를 통해 당신은 동기를 유발하는 대화를 할 수 있고, 그 결과 동료가 제대로 빛을 발휘하고 당신의 지위가 다시 우아하게 강화될 수 있다. 만약 상사가 당신을 지나치게 통제하여 다시 신경을 거스르게 할 경우 이를 개인적으로 받아들이지 마라. 두각을 나타내기 위해 오히려 이 조건을 이용하라.

이렇게 말하라.

가능한 한 통제하지 않으려고 노력하겠지만 필요하면 통제 강도를 높이겠어. 통제는 서열의 당연한 리더십 도구야.

상대방에게 내 의견을 분명히 말하는 건 그를 괴롭히는 거야

그렇지 않다. 단지 오해와 분노를 피하고 원하는 결과를 달성할 수 있는 가능성을 높여라. 이미 언급했듯이 억양이 리듬을 만든다. 다정하고 조용한 목소리로 분명하게 지시를 내리면 아무도 마음 상하는 일이 없을 것이다. 간접적인 대화 스타일은 여성들에게만 적용하는 것이 중요하다.

이렇게 말하라.

나는 원하는 걸 친절하게, 직접적으로, 분명하게 말할 거야. 그래야 상대방이 내 말을 알아듣기가 훨씬 쉬울 거야. 그리고 말끝은 내리자!

일의 결과가 좋은 인맥을 형성하는 것보다 더 중요해

훌륭한 업적은 언제나 기본에 속한다. 그러나 성공하기 위해서는 인맥이 결정적이다. 따라서 인맥 관리에 시간과 정성을 쏟아야 한다.

이렇게 말하라.

좋은 인맥은 승진을 위해 결정적이야.

내적 관점이 중요하다! 내적 관점이 우리의 성공과 실패까지 결정적으로 좌우한다. 자세히 들여다보면 당신의 목적을 방해하는 또 다른 여러 가지 신조들이 떠오를지도 모른다. 이런 것은 모두 치워라. 도움이 될 만한 새로운 문장을 만들어 매일 한 번씩 암송하라. 중요한 건 긍정적인 문장이어야 한다는 점이다.

스키 탈 때를 생각해보라. 나무를 향해 내달리면서 부딪치지 말아야지 생각하면 무의식은 바로 이 나무에 집중하게 되고 그럼 결국 나무에 부딪히게 된다. 그러나 눈길을 나무 옆의 한 곳을 향한 채 '난 저쪽으로 갈 거야' 하고 생각하면 나무를 지나치게 된다. 또 다른 유명한 문장이 이런 예를 보여준다.

"분홍색 코끼리를 생각하지 마라!"

이때 당신의 마음속 눈에 무엇이 보이는가? 바로 그거다! 분홍색 코끼리. 다른 게 보일 수가 없다. 그러므로 당신의 목표와 관련해서 긍정적인 신조를 찾아라! 이렇게 해서 당신의 관점과 영향력을 효과적으로 바꿀 수 있다. 다음 문장이 격려가 될지도 모르겠다.

난 종합작품이야

내 업적은 일을 사무적으로 잘 처리하고, 성공적으로 성취하고, 내 방식대로 발표하고, 인맥을 맺고 관리하는 데 있어. 난 계속해서 최선을 다할 거야. 내 업적을 드러내는 일에도. 나는 나를 존중하고 좋은 성과에 대해 스스로 보상할 거야.

이와 함께 때때로 체스 게임의 퀸의 포지션에 자신을 대입하는 것도 아주 도움이 된다. 그럴 경우 자동으로 많은 부분이 해결되기 때문이다.

게임의 여왕…10가지로 형상화한 모습

여왕의 모습도 형상화할 수 있다.

1. 내용보다는 서열!

여왕은 진술과 예법에 뚜렷한 위계 단계가 있음을 이해한다.

2. 언제나 서열 1위에게!

여왕은 다른 민족의 왕과 대화하지 집정관과 대화하지 않는다.

3. 공간을 가져라!

여왕은 궁전, 농장의 형태로 주변에 충분한 공간을 확보하며, 이는 연회석에서도 마찬가지다.

4. 권력 상징을 이용하라!

여왕은 당연히 왕관과 왕홀을 지니고 말과 성을 소유한다.

5. 비전을 가져라!

공주는 이미 어릴 때부터 왕좌에 앉아 있는 모습과 자신의 권력으로 무엇을 변화시킬지 상상한다.

6. 지배하고 대표하라!

이는 여왕의 위엄에서 가장 중요한 과제다. 사무적인 일은 각료에게 맡기면 된다.

7. 인맥을 활용하라!

여왕은 다른 국가와의 외교적 관계에 어떤 중요한 의미가 있는지 이해한다.

8. 존경이 중요하다!

여왕은 때로 국민 개개인이 아니라 한 국가의 안녕을 위해서 결정을 내려야 한다.

9. 분명하게 지시하라!

여왕은 언제, 어떻게, 누구에게 무엇을 원하는지 당연히 간단명료하게 지시한다.

10. 전방위적으로 게임하라!

여왕은 자신의 재능과 권력을 필요에 따라 완전히 사용한다. 여왕은 어디서 배신 위협이 들어올지 전혀 모르기 때문에 눈길을 전방위적으로 돌려야 한다.

마치는 글

사랑하라, 바꾸라, 아니면 그만두라!

공주는 여왕이 될 권리를 갖고 태어난다. 한 나라의 헌법이 여성에게 왕좌를 허락하는 한 그렇다. 이런 논점으로 다시 처음으로 되돌아온다. 기존 회사를 상속받음으로써 우두머리가 되는 것이 가장 간단한 방법이다. 그렇지 않은 경우 특히 여성에게는 길고도 험한 길이다.

회사, 병원, 정당, 대학, 조합, 극장 등에서는 대부분 지금까지 남성적 커뮤니케이션의 규칙이 유효했다. 이에 대해 분노해 봤자 좌절과 주름밖에 남지 않는다. 당신도 영국으로 휴가 가서 자동차의 좌측통행을 두고 분노하며 시간을 보내지는 않을 것이다. 그건 기정사실이다. 이를 바꾸려면 한 조직의 정상에 서야 한다.

　인식이 언제나 첫 발걸음이다. 당신이 이제부터 눈을 크게 뜨고 주변의 서열 게임을 인지한다면 적어도 무지로 인한 희생은 피할 수 있다. 또 당신의 대응방식은 아주 다양하게 나타날 수 있다. 이 책을 덮고 나면 어차피 모든 게 의미가 없다고 말하면서 사표를 내고 독립할지도 모르겠다. 이는 존중할 만한 해결책이다.

　'사랑하라, 바꾸라, 아니면 그만두라.'

　그러나 계속하기를 원하면 지금부터 당신 타입에 맞는 특정한 행동방식을 개발해야 한다. 모든 일에 늘 진심을 담아 행동하는 게 중요하기 때문이다. 그러고 나면 이를 재미있는 게임으로 발전시킬 수도 있다!

당신이 새로운 인식으로 봉급도 올리고 권력을 이용해 능력을 충분히 활용하기 위해서 느긋하게 출세의 사다리를 오른다면 이는 내게 큰 즐거움이 될 것이다. 이런 의미에서 마지막으로 이 말을 전한다.

즐겁게 성을 공략하라! 안녕!

독해지지 않고 악해지지 않고
여자가 성공하는 법

초판 1쇄 인쇄	2008년 7월 8일
초판 1쇄 발행	2008년 7월 15일
지은이	마리온 크나츠
옮긴이	임정희
펴낸이	이대희
펴낸곳	지훈출판사
기획편집	허남희
디자인 제작	심정희
마케팅	신진식, 윤태영
교정, 교열	이상희
경영지원	안지영, 김정미
공급처(서경서적)	전화 02-737-0904 팩스 02-723-4925
출판등록	2004년 8월 27일 제300-2004-167호
주소	서울시 종로구 필운동 278-5 세일빌딩 지층
전화	02-738-5535~6
팩스	02-738-5539
전자우편	jihoonbook@naver.com

편집저작권ⓒ2008 지훈출판사
ISBN 978-89-91974-18-0 03320

잘못 만들어진 책은 구입하신 서점에서 교환하여 드립니다.

게임 말

말을 만들어 게임해보자.

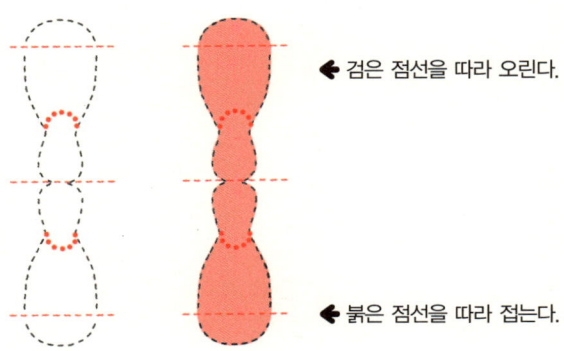

← 검은 점선을 따라 오린다.

← 붉은 점선을 따라 접는다.